传统文化融入高校德育工作的理论与实践研究

杨士卿 著

中国建材工业出版社
北 京

图书在版编目（CIP）数据

传统文化融入高校德育工作的理论与实践研究/杨士卿著. --北京：中国建材工业出版社，2023.11
ISBN 978-7-5160-3910-6

Ⅰ.①传… Ⅱ.①杨… Ⅲ.①高等学校—德育工作—研究—中国 Ⅳ.①G641

中国国家版本馆 CIP 数据核字（2023）第 222326 号

传统文化融入高校德育工作的理论与实践研究
Chuantong Wenhua Rongru Gaoxiao Deyu Gongzuo de Lilun yu Shijian Yanjiu
杨士卿　著

出版发行：中国建材工业出版社
地　　址：北京市海淀区三里河路1号
邮　　编：100044
经　　销：全国各地新华书店
印　　刷：北京传奇佳彩数码印刷有限公司
开　　本：787mm×1092mm　1/16
印　　张：10
字　　数：132千字
版　　次：2024年5月第1版
印　　次：2024年5月第1次
定　　价：59.80元

本社网址：www.jccbs.com，微信公众号：zgjcgycbs

前言

一个民族的存在和发展离不开其所处的文化环境，文化是其心灵深处的精神家园。中华传统文化源远流长、博大精深，历经数千年发展而绵延不绝，是中华民族旺盛生命力的内在动力。就目前我国传统文化与德育的具体研究而言，在传统文化方面的研究已形成各具特色的学术团队，产生了一批很有影响力的学术成果。新形势下，高校要完成好这项任务，就必须在校园文化建设中融入中华优秀传统文化历史元素和影响因子，积极营造良好的校园文化氛围，科学有序、扎实推进该项工作。在具体的实际工作中，高校要加强德育教师队伍建设，开设中华优秀传统文化必修课程，通过课程建设，大力推动教学改革，使中华优秀传统文化与当代大学生的行为规范、价值取向、道德舆情、典型示范等方面真正有效结合起来。只有这样，中华优秀传统文化才能真正融入新时代高校德育工作之中，融入当代青年大学生的学习和生活之中，使中华优秀传统文化得到传承和创新，从而帮助当代大学生树立文化自信，最终实现中华民族文化强国的目标。当今世界是一个开放的世界，改革开放是我国新时期最鲜明的特点。当前，全球化、信息化和现代化等趋势使高校德育理论研究和实践发展不断面临新形势、新情况和新课题。当下，高校德育的价值导向既要符合社会发展的现实需要和个人人格成长的规律，同时也应以更加开放的视角去拓展德育未来的发展方向。尤其值得注意的是，经济转轨、社会结构转型以及由此引起的思想文化领域的相互激荡已使得多元化成为现代社会的一种事实和价值存在。

本书研究内容主要从中华优秀传统文化概述，高校德育理论，中华优秀传统文化与高校德育相融合的理论、体系建构、融合实践等方面展开，旨在摸索出一条适合开展新时代高校德育工作的方法和途径，帮助广大高校德育工作者在具体工作实践中少走弯路，运用宝贵的传统文化道德教育资源，切实提高新时代高校德育工作的实效性。

在本书的写作过程中，参阅、借鉴和引用了国内外许多同行的观点和成果，他们的研究奠定了本书的学术基础，在此一并感谢。另外，受水平和时间所限，书中难免有疏漏和不当之处，敬请读者批评指正。

作　者

2023 年 5 月 12 日

目录

第一章　中华优秀传统文化概述

第一节　文化的基本概念

一、文化的基本内涵

（一）古今中外学者对文化的理解

文化的概念极其广泛。“文化”作为我国语言系统内部流传已久的词汇，结合其本来的定义而言，“文”即多样化纵横交错的纹理，《易·系辞下》中的“物相杂，故曰文”即是基于这一维度而言的。依托这一状况，“文”也引申出了一系列含义。第一，语言文字内多元化的象征符号都被纳入其中，也可以具体理解为文物典籍以及礼乐体制。第二，基于伦理学说而发展变化来的彩画以及装饰等含义，都能够和“质”以及“实”有效对应，因此可以理解为“经纬天地曰文”。第三，基于前两个维度，也能进一步明确主体的美、善等元素，《礼记·乐记》中有“礼减两进，以进为文”。“化”的本质为改易、生成和造化，正如《易·系辞下》里提到的“男女构精，万物化生”等。对以上论述进行归纳总结后，“化”的含义也可以延伸为教行迁善的意思，主要指的是事物自身形态以及性质的变化。“文”与“化”连起来使用较为普遍，战国末年的儒生在《易·贲卦·象传》里就曾提到：“刚柔交错，天文也。文明以止，人文也。观乎天文，以察时变；观乎人文，以化成天下。”由此可见，“文”是基于纹理的含义而发展起来的。日月往来与

“天文”对应，指代的是天道自然规律。另外，“人文”还可以指代配套的人伦社会规律，对社会内不同主体之间的纵横关系有着重要的指导意义，诸如君臣、夫妇以及朋友等共同形成了较为复杂的网络。治国者要掌握天文时序的变化，还需要对人文进行洞察，使得天下的主体都能够有效满足文明礼仪的要求，更好地规范自身行为。“人文”与“化成天下”的联系非常密切，这也能进一步明确“以文教化”的思想理念。

西汉之后，“文”和“化”发展为对应的词组，诸如“文化不改，然后加诛”（《说苑·指武》）等。因此，以汉语系统为基础，“文化”对应的本质含义即“以文教化”，意味着对主体的性情进行相应的陶冶，注重主体自身的品德教养。这也从属于精神领域的范畴。伴随时间空间的变化，“文化”的内涵进一步提升，成为很多研究者讨论的热点。一直以来，主体利用“文化”这个词汇时，对应的内涵和外延都有较大差异，这可以很好地解释文化的广义以及狭义的概念。立足于广义维度，“文化”是基于人类和常规动物以及自然界的本质差异而决定的，是作为一种独特的生存模式而存在的，而且对应的覆盖面极其广阔，因而能够将其视为“大文化”。梁启超在其《什么是文化》里提及：“文化者，人类心能所开释出来之有价值的共业也。”“共业”，主要包括认知层面、规范层面、器用层面以及社会层面等诸多方面。广义而言，“文化”则是基于人的本质属性维度而进行立论的，强调文化指代的是将动物变成有创造性以及有思想的主体，人类社会则可以视为历史生活内容逐步渗透到传统文化领域。

中华人民共和国成立后，在修订后的《辞源》中，“文化”一词指代文治以及教化。在当今阶段，则指代人类在社会历史发展过程中对应的物质与精神财富，也可以指代对应的社会意识形态。《辞海》中则认为“文化”对应的含义包括以下三种类别：其一，基于广义维度而言，文化指代的是人类社会历史在实际发展过程中构建的物质以及精神财富；基于狭义维度而言，文化指代社会意识形态，而且还将与之相配套的组织架构以及体制囊括了进来。其二，指代常规的语文知识。其三，指代我国封建时代王朝文治以及教化的总和。

（二）马克思主义的文化观

马克思、恩格斯构建的文化观是基于历史唯物主义文化观而发展起来的，他们在揭示人类社会运动变化规律的基础上，深刻揭示了文化的实质、特点和文化在发展过程中呈现的变化以及动力等诸多方面。马克思主义树立的文化观是一种科学的文化理论，是当前我国社会文化建设的根本指导思想。同时，在马克思主义中国化的过程中，马克思主义的文化观又与中国历史和国情相结合，进一步被丰富和发展。中国特色社会主义文化作为中国特色社会主义理论体系的核心构成元素，也是马克思主义对应的文化理论原理和我国革命、建设相结合的产物，是我国文化建设以及社会进步领域的具体指导理念。

辩证唯物主义以及历史唯物主义作为马克思主义最根本的世界观和方法论，也是马克思主义文化观得以存在与发展的哲学基石。马克思、恩格斯在运用唯物史观分析揭示自然界、人类社会和人的思维发展规律的基础上，坚持从唯物主义的哲学立场出发，对人类文化的产生和发展做出了有益的探索，并提出“哲学正变成文化的活的灵魂”这一富有思辨性的观念。马克思、恩格斯在批判黑格尔和费尔巴哈唯心主义文化观的基础上，将人类思想文化的产生放置于社会实践中加以考察，强调“思想、观念、意识的生产最初是直接与人们的物质活动，与人们的物质交往，与现实生活的语言交织在一起的。人们的想象、思维、精神交往在这里还是人们物质行动的直接产物”。

马克思和恩格斯并未确立专门的文化著作以及文章，但在他们的经济学、哲学等著作中，我们可以看到许多关于“文明”“艺术”“文学”“观念”“思想”“精神生产”“精神生活”“意识形态”等的论述。这些论述基于辩证法和唯物论的哲学基础，包含了对文化本质的论述，对文化创造原动力的论述，对文化形态的论述，对精神生产、精神生产力和精神产品的论述，对经济、政治和文化三者关系的论述等。这些论述为我们展现了不同于以往任何一个时代的文化态度和文化观念：其一，人本主义的文化观；其二，需要和不断满足需要而进行的劳动是文化创造的原动力；其三，伴随着生产力水平的不断提高和生产关系的变化，文化形态也处于不断变化过程之中；其四，文化生产也是生产力，其过程和产品具有和物质生产不同的特殊性；其五，文化作为一种特殊的上层建筑，是由特殊的经济基础决定的，但与此同时，文化又对经济基础具有反作用。

以人为本的文化观是马克思主义文化观的核心思想。文化存在于特定的社会历史条件下，作为一种特殊的上层建筑，文化具有明显的社会历史性、阶级性特征。文化的社会历史性、阶级属性也是判断和区分不同性质文化的重要标准。马克思主义的文化观是无产阶级的文化观。为了确保人民群众的根本利益，马克思主义文化确立了以人为本、服务大众的文化政治立场。马克思和恩格斯在构建唯物史观以及科学社会主义的过程中，积极肯定群众史观，指出民众自身的利益以及意愿都对社会的发展起着重要指导作用，人民群众也是促进社会稳定发展的主体。基于这一认识基础可知，马克思明确了无产阶级政党自身所处的政治立场，这也充分说明了无产阶级对应的政治立场，无论是从无产阶级维度还是政党服务范畴方面，都为其提供了十分有效的指引。因此，伴随无产阶级运动而发展起来的马克思主义文化观也需要明确自身的立场，将实现人民群众最广大的根本利益作为有效支撑，为无产阶级解放事业的稳定发展提供有效指引。由此，我们需要清楚地认识到，基于政治立场，需要对马克思主义文化详细解读，进而充分明确其阶级、人民属性。前者能够对马克思主义文化观开展有效阐述，后者则主要是基于服务的目标而阐述的，两者能够有效统一于马克思主义文化思想。中国在革命、建设和改革过程中坚持的文化建设指导思想也是以马克思主义为指导的，强调人民群众在文化创作中的作用以及服务广大劳动人民的文化宗旨。

文化有先进与落后的性质之分，先进文化对文化主体及整个社会具有巨大的指导作用。判断一种文化进步与否的重要标准是看其是否符合社会历史发展的潮流，是否能对社会发展起到积极的推动作用。马克思主义是科学的世界观和方法论，是以人为核心而构建起来的学说，其根本目的是最终实现人的自由全面发展。马克思和恩格斯基于文化对人的解放作用以及塑造作用等方面展开了具体分析，不仅在政治立场上明确了无产阶级文化构建的必要条件，也基于价值目标的维度充分明确了无产阶级文化对于人类生存发展所起到的重要作用。马克思、恩格斯在对资本主义文化进行深刻批判的基础上，深刻揭示出社会主义文化对于人这一文化主体的全面发展产生的重要意义，并将其作为人类自由发展的有效支撑，以及人类社会进步的重要标志。人类社会与文化相关的关注对于自身的稳健发展有着重要的促进效用。由此可知，先进的思想文化对于主体的全面发展都有着重要的指引作用，马克思主义文化观也是基于这一理念而持续发展的，其价值目标在于为主体的自由发展奠定厚实的基础。

以上马克思主义关于文化的认识和研究为我国社会主义文化建设的发展奠定了深厚基础。它不仅为我们党从辩证唯物主义和历史唯物主义的角度去认识和把握文化提供了开启大门的钥匙，而且直接指导党在不同历史时期提出了具有鲜明马克思主义特征和时代特色的文化观。当前，中国特色社会主义文化建设就是以马克思主义为指导的社会主义新文化建设，它与封建主义、资本主义文化有着本质区别，同时又与共产主义文化相比，在理想信念、价值原则和伦理道德的实现程度、层次和范围上有着较大差别。当代中国先进文化的特质内涵可以概括为：它是民族性与时代性、民族性与世界性相统一的文化；是反映人民意志、代表人民利益的文化；是把弘扬科学理性精神与倡导人文精神统一起来的文化；是适应并引导、促进社会主义市场经济健康发展的文化；是与现代化进程相适应的文化。

二、文化的基本特征

（一）文化的社会历史性

社会历史性是文化的根本属性和特征。文化存在于特定的社会历史环境中，是对特定的社会历史条件和状况的反映和认识。伴随着社会历史的发展变化，文化又是不断变化发展的。同时，文化是一个受客观规律支配的历史发展过程，文化的发展是继承和创新的统一。

首先，文化是对特定社会历史状况的反映。文化实质上是由特定社会历史条件决定的，是对具体社会状况的主观反映。经济基础决定上层建筑，文化作为一种特殊的上层建筑也是由经济基础决定的，是为特定利益群体服务的。因此，文化的这一属性从根本上决定了文化性质的不同。

其次，文化是一个受客观规律支配的变化发展过程。人类社会的发展同自然界一样也受到客观规律的支配，文化作为一种特殊的社会现象有其自身的发展规律。具体表现为，在文化规律的支配下，文化的历史进程呈现出由低级向高级的演变过程。纵观人类文化的发展历程，物质文化经历了由原始文化到传统农业文化，再经过近代工业文化，到达现代信息文化的由低级到高级的发展过程；精神文化经历了由原始文化、古代文化、近代文化发展到现代文化的过程；制度文化经历了原始公社制度、奴隶制度、封建制度、资本主义制度到社会主义制度的变迁。总之，文化发展的过程不是一帆风顺的，是曲折的，但方向是前进的，是前进性与曲折性的统一。

再次，文化系统是一个由量变到质变的过程。根据唯物辩证法观点，我们可以认为文化系统一直在进行着从量变到质变的过程，既体现出变化的稳定性，又体现出一种动态变化。这种量变在文化体系中被叫作稳定性；而质变则被称作动态性。分析世界历史进程我们会发现，文化大部分时间都处于积累状态，也就是所谓的量变阶段，这时候体现出来的是稳定性。而在文化积累到一定程度时，就会发生质变，这个过程是很快的，并且表现出了动态性。我们可以认为文化的沟通以及一代代继承叫作文化的量变，而各种文化改革与革命就被叫作文化的质变。如果没有文化的积累就不会发生文化革命，文化的动态性变化离不开稳定性积累。所以我们在进行文化的发展与创新时，首先要注重对文化的积累和继承，让文化可以传承下来，保持文化的稳定性积累；在这个基础上，要注重对文化制度的变革，让文化创新的进程加快，让文化可以在传承精华的基础上更好地发展。

另外，文化的发展又是继承和创新的统一。文化的发展过程中既有对传统文化的继承，也有对新文化的创造。任何一种文化都不是凭空产生的，都是在继承先前文化的基础之上产生的。精华的积累带给了文化年代感，因此对精华的继承就是继承性的体现；但是文化也是要与时俱进的，如果一直故步自封，不接受文化创新，那么文化就只能一直原地踏步。文化的继承和创新既是相互矛盾的，又是彼此统一的。文化想要创新就要先继承，没有继承也就不存在文化的创新；而文化继承一方面也是为了创新，如果不进行文化的创新，那么继承文化就变得毫无意义。也就是说，想要让文化可以一直存在下去，就不能只继承不创新。所以，在经济与文化高速发展和不断更新的今天，我们也要注意对传统文化的继承与创新，面对传统文化不能一味地否定，也不能一味地吸收，要懂得分析，继承文化的精华，去除文化中的糟粕，并且要与时俱进。同时对本民族文化进行继承和创新的过程中，我们还要打开国门，分析、学习和研究其他民族的文化，并且根据我国国情，在辩证分析的基础上有效进行合理吸收和借鉴，从而使我国的文化逐渐走向现代化。

（二）文化的主体性

文化可以理解为“人化”。文化的主体性是由人的主体性决定的，因此，我们首先必须探讨人的主体性。人是文化的创造者和主体，文化创造的过程实质也是主体客体化和客体主体化的辩证统一。马克思指出，人除了能够从事各种实践活动，同时也是文化的主体构成。人自身的主体性对于实践以及文化活动的发展有着重要意义。人的主体性最突出的表现为“自觉性”，具体指人对自身主体地位的意识。实践活动与认知活动都是围绕自觉主体而产生的，人们也逐步意识到自己能够能动地对世界进行改造，还能够能动地对自我进行改造，进而充分体现其自觉性。其次，人自身的主体性还表现为“自主性”，这也是基于人对其他自主性所呈现出来的主动性以及独立性。另外，人自身的主体性还表现出显著的“自为性”。自为性指具有自觉性和自主性的主体所拥有的能力，也可以将其视为主体在实践维度的能力。最后，主体对应的主体性还能够视为对应的“创造性”。人和动物存在的差异主要在于人不仅可以模仿，还能对文化进行创新。

同时，人的主体性对文化的主体性起着决定作用。首先，文化具有的主体性体现为文化主体具有目的性和工具性的辩证统一。文化对于具备创造性的主体有着十分重要的作用，也能为主体的综合发展奠定厚实的基础。另外，文化作为主体自由发展的必要元素，可以充分表现主体所具有的重要工具以及举措，脱离文化之后，主体自身的发展也会受到巨大影响。所以，文化所具有的主体性表现为目的性和工具性的有效统一。此外，文化所带有的主体性体现为文化主体具有的生产性以及消费性的协调。文化生产的目的主要是更好地满足文化消费，文化生产可以视为一项具体举措，文化消费则可以理解为配套的目的，为了进一步促进社会主义文化的繁荣，更好地满足主体文化方面的需求。

文化的主体性与人的主体性是辩证统一的。第一，人所具有的主体性决定文化主体性的发展，文化所具有的主体性又是依托人的这一属性而发展起来的。这也意味着，一旦两者脱离，文化的生产工作也是无法开展的；另外，文化所具有的主体性能够对人的主体性产生重要影响。文化不仅有着“人化”特征，还具有“化人”属性。文化构建了人的主体性，马克思将其定义为“环境创造人”。这也意味着文化主体具备较强的被创造性，人所拥有的主体性和文化所具有的主体性的关系可以概括为：文化是由人创造的，文化对人具有塑造作用。

（三）文化的实践性

文化的实践性指的是人类依托自身的能动性进行文化创作、改造、发展等活动。文化的实践性表现为以下两个方面。

一方面，文化源于实践。实践是文化的唯一源泉，文化是实践的产物。因此，文化具有实践性特征。实践决定文化，文化反作用于实践。在实践与文化的彼此作用之中，实践对文化的决定作用是根本的。首先，人类的实践方式决定着文化的性质。在实践方式中居于基础地位的是物质生产方式，文化的性质最终由物质生产方式决定。其次，社会实践的结构层次决定社会文化的结构层次。最后，实践的辩证性决定了文化的辩证性。人类实践活动既是一种自觉能动性的活动，又是一种客观物质活动。实践的主观性与客观性的辩证统一关系决定了文化主观性与客观性的辩证统一关系。

另一方面，文化指导实践。文化和实践之间彼此渗透。在实践决定文化的同时，文化也反作用于实践。实践的文化性表现在以下几个方面：首先，实践是在一定的文化背景中进行的，离开一定的文化背景，实践就无法进行；其次，实践是在一定的文化指导之下进行的，离开了先进文化的指导，实践难以取得成功；最后，人的实践活动本身就是一定文化的体现。实践行为是人的观念文化的外显，观念文化是实践行为的内在因素。由此可见，实践与文化相互依赖，实践依赖于文化，文化也依赖于实践。实践是发展和繁荣文化的基础，文化是人类实践的重要条件。在当代中国，必须积极投身于建设中国特色社会主义的伟大实践，才能发展和繁荣社会主义文化；也只有大力发展和繁荣社会主义文化，才能推动建设中国特色社会主义的伟大实践不断向前发展。

（四）文化的创造性

文化的核心特征就是创造性。文化是被人们创造出来的，是创造性的一种表现形式。所以文化表现出来的最明显、最本质的特点就是创造性。马克思认为，人是文化的主体，实践是文化的基础；正是因为有了人，有了人对自然、对社会、对自身的认识和改造，世界上才有了可以称为文化的东西。所以我们可以做出下述总结：文化离不开创造者的创造性。人创造了文化，是人的出现才带来了文化。但是如果用发展的眼光来看待这个问题，会发现正是文化的存在，才塑造出一个个活生生的人。人在刚刚出生的时候是不具备创造能力的，所以无法担任文化创造的主体；而慢慢学习文化以后，人就会被塑造成有自己特点的个体，并且也开始懂得认识事物与实践了，进而开始创造出新的文化。因此我们也可以说，人是被文化创造的，即人的性格、精神文化的塑造离不开文化。马克思也将文化与人之间的创新与塑造的关系定义为革命的实践。这直接表明了文化具有创造性。也就表明，在实践活动过程中，一方面人创造文化，另一方面文化塑造人。

由此可见，文化创新依赖于创造型人才。这里所说的文化创新，就是推陈出新，创造出新的、符合时代发展需求的文化。文化创新一定要依靠创新型人才，离开创新型人才，任何文化创新都不可能实现。所以我们在进行文化创新的过程中，一定要注重对人才的积累与培训，只有社会中存在足够的人才，才能促进文化事业的发展。

（五）文化的系统性

文化不是独自存在的，而是以系统的方式出现的。文化系统是指若干相互联系、相互作用、相互影响的文化要素所构成的具有一定层次结构并发挥文化功能的有机整体。因此文化系统体现出来的特性有整体性、交流性以及传播性等。文化的整体性体现在，系统中的要素都是有机结合以后共同发挥文化作用的。层次性是指文化系统是由包含内容更广的母系统与单个的子系统组成的。我们可以认为全球的文化是一个包罗万象的母系统，而不同的国家体现出来的文化就是一个个子系统；而如果把国家文化作为母系统，那么一个个省、市、区的文化就是子系统。伴随着经济全球化的发展，不同地区、不同国家之间的文化也在相互沟通、融合，不同的文化相互碰撞与整合。在这个过程中，我们既要坚持民族文化特色和社会主义文化的本质，又要放眼全球，紧跟时代和世界文化发展潮流，还要学习其他国家的文化，扬长避短，把我国文化建设得更全面。

三、文化的功能

（一）文化具有社会服务功能

文化的存在和发展是对现实社会状况的真实反映，同时也具有对特定社会、特定阶级服务的功能。在阶级社会，居于主流地位的文化往往成为统治阶级维护统治秩序、巩固统治地位，继而更好地实现其经济利益的有效工具。比如，在我国封建社会长期居于主导地位的儒家文化，其核心思想符合了封建地主阶级维持长久统治的需要，因此被推崇、被大力弘扬。因此，文化的性质从根本上决定了文化的服务方向，但不管文化代表哪个阶级和阶层的利益，其服务社会的特殊功能是不容抹杀的。这也是马克思主义唯物史观的具体体现，否认文化的阶级属性及服务社会的功能，就是对马克思主义的严重背离。

（二）文化具有记录功能

文化的记录功能是比较重要的功能之一。在文字出现之前，人类通过语言口口相传，语言是唯一的传播方式，长者给幼者口传经验，教他们如何打猎和农作。同时，语言又可以跨越时间流传给后代。比如，在中国现代依旧有大量的古代流传下来的谚语，这些谚语是农耕时期的人们长时间经验总结出来的自然现象和生活经历，记录着当时农耕时代人们春耕秋收的历史。因此，语言是文化记录的有力方式。

在文字出现的前期，人们还没有系统的表达符号来记录文化，但是人们似乎不约而同地想把自己做了什么流传下去，世界各地都发现了大量的壁画，原始人用烧过的木头、动物的血液等在墙上形象地画出眼中所看、心里所想，我们才得以了解到那时的祖先如何生活。后来人类的发展出现了系统的文字符号，有的写在动物的骨头上，有的写在泥土上，有的刻在墙上，人类从身边的事物开始记载，古代先贤们通过他们的双手给我们留下了大量的财富。后来人们发明了可以书写的纸，这给文字的发展做出了巨大贡献，文字的记录也越来越多。通过文字，我们可以清楚地了解往日的世界以及伟大先贤的生活，这就是文字记录的功能。

当然，除了语言和文字，人类还有大量的文化瑰宝流传于世。原始人切肉的石斧、农耕人民的犁耙、青铜时期精美的青铜器，每一件瑰宝的流传都记录着几个时代的文化。我国五千年的历史长河中也有不少举世震惊的大制作，例如长城、故宫、敦煌石窟、京杭大运河等，无论哪一样都是令全世界瞠目结舌的旷世之作，体现着我国古代劳动人民的勤劳与智慧。

（三）文化具有认知功能

在历史的漫漫长河中，文化在潜移默化中形成，又深远地影响着这片土地上的人类。独特的文化对应着独特的思维，在漫长的进化中人们形成了相对稳定的思维方式和习惯，这种定式一代又一代地流传，也在不断地发展。因此，这就赋予了文化强大的认知功能。从某种意义上说，几千年流行的传统文化对于今天的人来说，第一个用处就是其认识价值。它们是一面面历史的镜子，可以让人们看到人类的昨天，思考人类的今天并探索其明天；帮助人们结合新的实践，不断丰富扩展着对自然、社会和自身的认识。

（四）文化具有传播功能

文化是具有生命力的，它随着人类自身的活动不断地传播、交流、更新。文化的传播在世界的发展过程中起到了巨大的作用，文化传播和交流是文化发展的基本动力。人类的语言是文化传播的重要手段。语言的出现是人类文明发展中巨大的里程碑，有了语言，人类可以通过这一种表达来传播文化，文化的传播得以穿越河山大川。而文字的产生更是辉煌的创造，文字的记载让文化流传千年，在字里行间今人就能够读出千百年前人类的文化生活。

不同的地区国家有不同的语言文字，给文化交流带来了困难，但是除了基本的表达之外，具体可见的实物同样承担着文化传播的重任。现代互联网的发展给文化的传播带来了空前的效率。随着时间的流逝，科技飞速发展，信息的传播速度迅速增长，全世界文化日益成为一体。

（五）文化具有教化功能

文化是具有教化意义的。人们在发展的道路上创造了文化，这些文化也在打造一代又一代的人们，文化和人类是相互影响的。文化流传的最终目的也是教化后代，把自己的生活经历告诉后代，文化的其他功能甚至可以说都是以教育教化为基本目的的，人类在发展中不断地完善着人类这个角色。因此，教化功能是文化的重要功能。

（六）文化具有凝聚功能

文化是一个国家的凝聚力。中国地域辽阔，民族众多，民族的文化是我们团结一致的根源。各族人民同根同源，在华夏文化的熏陶下长大，我们都是炎黄子孙，文化给了我们最强的动力。我们要把文化的凝聚力引向更积极的方向，凝聚在一起为实现中国梦而努力。在今后的文化建设中，我们要充分发挥先进文化的引领作用，凝聚共识、众志成城，集中广大人民的智慧和力量，共同推进中华民族的伟大复兴。

（七）文化具有调节功能

文化的调节功能是有力的。人是社会性的，没有哪个人可以离开社会独自生活，但是人类的思想不是统一的，每个人的欲望需求都不尽相同，所以社会处处存在矛盾，如果矛盾无法解决，社会就会进入混乱状态。文化可以调节、影响和制约人们的行为规范，通过制定法律法规、道德规范等，具体规定什么是合法的、什么是非法的、什么是道德的、什么是不道德的，从而调节人与人、人与社会的关系，维护良好的社会秩序，实现整个社会的和谐发展。因此，文化的调节制约功能是社会文明发展的有力保障。

（八）文化具有价值功能

文化是社会价值选择判断的指针。任何社会形态的文化，不仅包含着这个社会“是什么”的价值支撑，而且也蕴含着这个社会“应如何”的价值判断，以维护这个社会的稳定和引导其持续发展。在特定的社会环境下，人通过接受各种形式的主流价值观的教育教化，通过不断处理与周边各种关系的过程，调整自己的观念和行为，以至于最终内化成为自己的价值选择和行为方式。文化作为一定的价值体系使人形成十分明确的价值需求和取向。并且人们通常根据这类需求和取向的基本要求，评价和判断一个人进行或积极或消极的价值取向。因此，文化成为整个社会的“指示”系统，它不仅向人们昭示着追求高尚德行的准绳，而且规范着人们的行为选择，使人们的行为更具理性。

（九）文化具有动力功能

文化是人类进步的原动力，推进着人类前进的步伐。从历史的演变来看，从原始社会历经奴隶社会、封建社会，进入现代的文明社会，人类社会制度是在不断演变更替的，同时也是在不断完善改进的。从人自身的发展来看，人类在满足自身物质需求的基础上，自身的认知能力和水平是不断提升的。而文化是人类社会不断进化的动力，是人类在地球不断强大、登上生物界之顶的重要原因。人类社会发展的历史表明，当一种旧制度、旧体制无法适应生产力、无法适应经济基础进一步发展需要的时候，文化对新制度、新体制的建立起着重要的引导作用。蕴藏在新制度、新体制中的文化精神，一方面为批判、否定和超越旧制度、旧体制提供锐利武器，另一方面又以一种新的价值理念，给人们以理想、信念的支撑，推动革命阶级和人民群众去变革社会，促进社会制度的创新发展。

（十）文化具有创造功能

文化是不断变化的，不是一成不变的。文化的发展过程就是不断创新创造的过程，文化的发展包括社会制度、人们的信仰、科技等，这些都是人类在现有的文化中创新创造出来的，所以，文化具有强大的创造力。

文化的创新是人类得以繁荣延续的根本，一部文化的发展史就是一部人类社会的变迁和发展史。文化的创新与传承是相辅相成的，创新离不开传承，传承没有了创新也就失去了意义。中国特色社会主义文化建设就是一个传承与创新的过程。一方面，它继承和发展了中华民族的优秀传统文化基因和内核；另一方面，它又与时俱进，放眼全球，不断推陈出新。正是在正确认识和处理文化传承与创新的基础上，中国特色社会主义文化才不断得以繁荣发展。

第二节　传统文化及相关内容

一、传统文化的基本内涵

中国是具有五千年历史的文明古国，中华文明从来都没有断裂过，中华文化始终处在不断传承和创新之中。因此，中国具有丰富的传统文化资源。然而，当前学术界对于传统文化的定义很模糊。在这里，笔者认为传统文化是文化和传统的一个结合概念，更突出文化的传统性。“传统”是指世代传承的具有自身特点的社会历史因素，是历史上流传下来的思想文化、思维方式、行为方式、制度规范、风俗习惯、宗教艺术等的总和，其具有时间上的历史性、延续性以及空间上的拓展性和权威性的特点。传统的文化涵盖古今，范围很广，是跨越时间、空间的延续。

中华传统文化深深影响着华夏民族的发展。中华传统文化从时间上来看，是从中华文化的形成到清朝灭亡之间形成的博大文化，是一个大的整体；从思想派别分类和意义上来讲，传统文化是指在人们生活发展过程中形成的统一的文化系统，涵盖诸子百家，儒道法佛各家思想；从文化内容来讲，它包括从自然到社会和人类自身，涵盖政治、经济、文化、艺术、宗教、军事、医药等诸多方面；从文化结构来讲，中华传统文化既包括人们的饮食、服饰、建筑等物质文化，也包括各种思想观念、价值判断等。当然，我们在这里主要研究和探讨的是精神层面的文化。丰富的传统文化资源为我们进行社会主义文化建设提供了重要的基础，然而在如何对待传统文化方面我们又要坚持和掌握一定的原则。

二、对待传统文化的基本原则

传统文化是一个民族在长期的社会实践中所积淀的物质文明和精神

文明的遗产，也是一个民族特有的思维方式的重要体现。文化的发展是连续的，文化的每一个阶段都是基于现有的文化，只有传承了文化才能发展文化。传统文化既有精华，又有糟粕，所以，对传统文化既不能一概否定，也不能全部吸收，只有站在时代高度，通过实践检验，汲取精华，清除糟粕，才能正确发挥作用。在我们由传统社会向现代社会转型的过程中，文化的现代化发展也必定是建立在一定的经济、政治之上的文化，否定传统文化，也是否定历史、否定民族精神。我们要积极地保护传统文化，但是需要经过仔细考量，尽量去除传统文化中的陋习。中华民族的发展过程就是民族文化的传承过程。人们本身就生活在文化之中，如果摒弃传统文化就是摒弃自己的历史，背叛自己的民族。文化不仅是民族发展的支柱，还是民族振兴和抵御外敌的制胜武器。

世界所有国家的文化都是宝贵的，是全人类的共同财富。世界各国应该积极地学习先进文化补充自身文化的缺陷，改进本民族文化，但是切不可完全照搬。在人类发展中，我们应当坚持以下原则来正确认知传统文化。

（一）坚持客观对待、辩证分析，反对全盘否定、虚无历史

对于传统文化，我们切不可全盘否定。认为传统文化在现代社会发展中毫无作用，甚至是被时代遗弃的文化，进而否定自己民族的历史，认为历史是编造的、是虚假的，这种观念严重地曲解了中华传统文化的意义和民族历史的存在，危害了传统文化的大力发扬和传承，对传统文化的否定意味着对现代中国社会的否定，现代的中国离不开传统文化的基石，一旦基石受损，上层的一切都将毁于一旦。传统文化中也有许多在当今社会依然适用的文化，例如儒家的孝文化以及岳飞的精忠报国的精神，这些都是传统文化中的瑰宝，是现代社会所需要的。我们应该积极地弘扬，让它们在现代社会依旧发挥光热。

（二）坚持以古鉴今、古为今用，反对以古非今、简单复古

有的人批判传统文化，也有的人批判现代社会的体制，甚至有些人无视中华优秀传统文化和马克思主义的内在联系，将中华优秀传统文化与马克思主义对立起来，进而否定马克思主义的科学性，否定其作为我国革命、建设和改革指导思想的地位。中国历史和实践证明马克思主义在中国是可行的，它指导中国革命、建设和改革取得了重大成就。同时，马克思主义又是不断丰富发展的，中国共产党积极将马克思主义与中国实际和民族文化相结合。因此，现在的马克思主义并不是完全与中华文化相独立的体系，它是和中华文化密不可分的整体，甚至可以说，马克思主义理论已经在中国扎根发芽，成长为一棵中国的参天大树。所以我们要有正确的是非观、正确的辩证思想，正确地认知文化和社会的关系，切不可随意否定某一部分。

（三）坚持兼容并蓄、交流互鉴，反对故步自封、盲目排外

在不同国家与民族的特定环境下，文化发展之中肯定会存在多种不同的发展方式，各种文化独立发展、相互促进。多种多样的文化发展，都具有个体的、独立的发展潜力，都是在不同的文化环境之中逐步发展起来的文化涵养，在自身的发展之中存在很多优点与缺点，故应该尊重不同文化发展的丰富多彩的独特性。在文化发展过程之中，无论文化的发展具备什么样的优势，如果一味地故步自封，不与其他文化进行及时的沟通，文化的发展潜力必定会受到一定的限制。这就是文化发展的基本趋势之一。所以，我们要用辩证的态度来看待我国的优秀传统文化，保持不断学习的文化发展方向，积极地利用其他国家的优秀文化发展因素，不断丰富自身文化发展的内涵，在保持不断学习的过程中对我国文化进行完善，促使我国文化持续地发展。

（四）坚持文化自信、洋为中用，反对妄自菲薄、去中国化

在文化的发展之中，要保持高度的文化发展的开放性，积极吸收借

鉴其他国家文化发展的优秀成分，但是在发展之中也不能盲目学习其他国家的文化发展道路，而要在不断学习之中保持我国文化发展的特色。同时，在立足于历史发展的基础之上，还需要对文化进行不断的传承与创新。每个国家的文化发展都经历了一个较长的文化历程。身份认可是国家和民族发展的主要自信力表现之一。身份认可就是对自身存在的身份具备较为明确的了解，对于自身的身份存在的意义具有正确的认识与判断。优秀文化的发展是一个国家各方面获得较快发展的核心立本原则。中华优秀传统文化是我国文化发展的核心思想理论体系，是我国文化发展的主体方向，代表着我国深厚的历史文化积淀，成为中华民族文化与其他文化相区别的主要因素，是不断增强我国文化发展的核心力量之一，使我国文化更加具备竞争力。所以，在发展自身文化的同时要保持开放的文化发展选择，在借鉴其他国家优秀文化的同时，要保持文化发展的核心力量建设，在学习的同时保持一定的度，既要学习其他国家优秀的文化成果，又要立足于本国文化发展的核心地位。要保持全面的观点来看待问题，坚持科学的思想观点，全面地分析事物的本质，利用辩证的思想观点来进行全面的分析与探讨。坚持客观的辩证的认识方法，全面地看待我国优秀文化的发展，应主要从三个方面进行借鉴与学习：第一，立足于马克思主义基本的发展理念进行学习，保持马克思主义的学习方式，这是发展文化的根本要素。第二，利用辩证的思维方式看待我国文化的发展方向，吸收其优秀的成分。第三，在当下的发展背景之下，使传统文化发展更具有创新力，丰富我国文化发展的基本内涵，为中国特色社会主义文化指明发展的道路。

第三节　中华优秀传统文化及相关内容

一、中华优秀传统文化的基本内涵

中华优秀传统文化主要是指我国的传统文化在发展过程中所具备的优秀的文化发展因素，它展现了我国文化发展的核心方向，对于促进我国文化的快速发展具有深远的意义，对于我国的整体文化发展具有促进的意义，是民族文化发展的主要推动力。简言之，中华民族优秀传统文化是指在我国民族文化发展进程中所形成的积极向上、不仅适用于古代社会并且对当前社会发展仍然具有重大推动作用的文化因素。从这里可以看出，优秀传统文化不完全等同于传统文化。它是传统文化中那些反映中华文化健康向上的内容；能够鼓舞人们前进，无论在历史上还是在当代中华文化的建设中，都具有激发民族自信心和自豪感的作用；具有民族文化认同功能；具有历史继承性和稳定性；是中华文化的活的精神，在今天仍然具有强大的生命力。因此，所谓中华优秀传统文化，是指中华传统文化的精华所在、精神所在、气魄所在，是体现民族精神的优秀的价值内涵。中华优秀传统文化博大精深，丰富多彩。从文化的外延来看，中华优秀传统文化既包括物质文化也包括精神文化（这里主要研究精神文化）；从学派来看，既包括儒家的思想也涵盖道家、法家、墨家等各家学派的思想精华；从文化内容来看，既包括优秀的政治思想，也包括以爱国主义为核心的民族精神和优秀的道德精髓。

二、中华优秀传统文化的思想精髓

中华传统文化源远流长，博大精深。在中华大地上，各民族、各地域具有不同风俗文化的人们经过数千年的碰撞、交流、融合、沉淀，形成了多元一体的中华文化。作为中华文化的精华，优秀传统文化的发展方向是我国文化发展基本的精神追求。其思想精髓包含坚决统一、反对分裂的家国情怀，天下大同、人人为公的社会理想，立己达人、扶危济困的仁爱精神，正心笃志、崇德弘毅的人格修养，自强不息、刚健有为的进取精神，生生不息、革故鼎新的创新意识等。中华民族优秀传统文化丰富多彩，这里我们尝试从以下三个视角来对中华优秀传统文化的内容做以梳理。

(一) 优秀的政治思想文化

在丰富多彩的中华传统文化的宝库中，政治思想文化影响深远，大体可分为以下几方面的内容：

(1) 儒家的“仁政”“德治”。孔子提倡“仁者爱人”，“仁”的基本含义就是对他人的尊重和友爱。孔子主张在社会上广泛地推行“仁爱”思想，更希望以“仁爱”思想来安邦治国，即所谓：“为政以德，譬如北辰，居其所，而众星共之。”孟子将“仁”与“不仁”当作施政的根本，行“仁政”者得天下，失“仁政”者失天下。行“仁政”，就是要求统治者对人民有“仁爱”之心，不能过分地剥削压迫人民；要求各级官吏心中永远装着“民”，从“民”的基本生活出发，为“民”着想。为此，要“为政以德”，即以统治者个人的道德来教化人，使人从内心服从于统治，从而达到大治，这就是“以德治国”。

(2) 道家的“无为而治”。与儒家积极有为的政治文化思想不同，道家主张“无为而治”的超越式的政治文化思想。所谓“无为”并不是真的无为，而是在天道自然无为、人道顺应自然的天人关系中展开的，其手段是因势利导，最终目的还是“无不为”。道家的创始人老子追求的理想社会是“小国寡民”，“小国寡民，使有什伯之器而不用；使民重死而不远徙。虽有舟舆，无所乘之；虽有甲兵，无所陈之；使民复结绳而用之。”“至治之极，甘其食，美其服，安其居，乐其俗。邻国相望，鸡犬之声相闻，民至老死，不相往来。”为实现其理想政治，老子主张“愚民”。“古之善为道者，非以明民，将以愚之。民之难治，以其智多。故以智治国，国之贼；不以智治国，国之福。”

(3) 墨家的“相爱相利”和“尚贤”。墨家认为理想的政治是“兼爱”天下人，如何爱天下人呢？那就是给天下人以“利”。墨子认为：仁人在位，就要“兴天下之利，除天下之害”，使国强民富，政治清明。为实现理想政治，要用有贤德的人，国家政权应该向“农与工肆之人，有能则举之”转变。

(4) 法家的“法治”。法家所追求的理想政治是一个“法治”的社会，为了使国家强大有序，他们都主张尚法明刑，强化法令刑律，并且不论亲疏贵贱，应当“一断于法”。韩非认为，对建立专制主义中央集权政治来说，“法”“术”“势”三者是必不可少的条件。所谓“法”，指成文法令；“术”指国君统御臣下的手段；“势”指国君所拥有的至高无上的权威。三者统一于君主专制，实现其稳定的统治。

(5) 阴阳家的“五德终始”。阴阳家将构成物质世界的金、木、水、火、土这些“小物质”推及至广大的宇宙，认为这个世界都是由它们构成的。这一物质世界是变化运动的，其变化运动来自“五行相胜”。齐国阴阳家邹衍进而把这一思想推及至人类社会的发展变化之中，来论证历史朝代的更换，形成了“五德终始”的历史观。社会历史变化遵循五行相克的规律，金克木，木克土，土克水，水克火，火克金，依次往复循环进行。

(二) 宝贵的民族精神

千百年来，中华民族在长期的发展过程中形成了宝贵的民族精神，它们构成了中华民族文化的内核，激励着一代又一代的中华儿女。而这些宝贵的民族精神，就是我国文化发展的核心因素。民族精神是民族文化得以快速发展的基本核心。民族精神是一个民族的文化得以快速发展的重要的精神动力，是我国文化发展的核心动力所在，是我国文化综合竞争力的主要表现形式之一。

然而，目前学术界关于中华民族精神的概括说法不一。有的学者认为中国的民族精神体现在《周易大传》的名言之中，这就是："天行健，君子以自强不息""地势坤，君子以厚德载物"。据此，认为"自强不息""厚德载物"是中华传统文化的基本精神。有的学者认为，中华传统文化的根本精神体现为融合与自由。有的学者认为，以自给自足的自然经济为基础的、以家族为本位的、以血缘关系为纽带的宗法等级伦理纲常，是贯穿于中国古代经济、政治、文化、社会等方面的主要线索、本质和核心。还有部分学者认为，中国的民族精神主要包括以下几个方面：

（1）理性精神。主要表现为无神论思想，认可社会的发展与自然的紧密的关系。总之，反对有神论，否定上帝的存在，强调人与自然发展的关系，主要是为了社会的和谐发展。这是中华文化发展的基本内容。

（2）自由精神。主要表现为在面对统治阶级的剥削和压迫，特别是遭遇外来民族入侵的时候，中国人民勇于反抗、敢于奋斗。为争取和平与自由，千百年来中国人民浴血奋战，谱写了一篇篇不朽的壮丽史诗。

（3）求实精神。先秦儒家主张"知之为知之，不知为不知"，知人论世，反对生而知之；道家主张"知人""自知""析万物之理"；法家反对"前识"，注重"参验"，强调实行，推崇事功。这些都是求实精神的主要表现。

（4）人文精神。有学者将我国的传统文化精神归结为人文精神，主要表现为：将人与自然、社会的发展紧密结合起来；不追求纯天然的知识体系并将其作为发展的核心；反对功利主义的价值取向，重点研究人文伦理。中华传统文化发展的人文精神，给我国的文化发展带来了更多的文化发展动力，但是在中外文化沟通时，也有一定的文化隔阂存在。

中华优秀传统文化的精神实质主要体现为以爱国主义为核心的民族精神。爱国主义是中华民族文化的核心，它表现为对祖国大好河山的热爱，对祖国灿烂文化的热爱，对骨肉同胞的热爱，对自己国家的热爱。正是因为对自身国家存在强烈的归属感与深厚的爱国情怀，中华文化的发展更加具备发展的独特优势，促进我国的文化在创新之中获得更多的发展机会，相互学习、互相帮助，共同劳动、共同生活、共同发展，创造了灿烂的中华文明。中国自古就形成了厚德载物、自强不息、务实致用的民族精神。正是这种根植于传统文化的精神力量，构成了中华民族浓郁的家国情怀和忧患意识。无数中国人面对家国危机选择了前赴后继，自觉寻求救国救民的真理，体现了强大的民族凝聚力。直至今天，它依然显示出强大的生命力，在社会主义现代化进程中，依然是中华民族发展的内在动力，也是我国民族文化发展的基本目标之一。正是由于中华传统文化发展的核心思想始终围绕爱国主义进行，将实现国家的协调统一发展作为重点工作实施贯彻，所以中华民族在悠久的历史延续中，能够始终形成强大的民族凝聚力，能够始终屹立于世界民族之林。无论在物质方面还是精神方面，传统文化都为我们开展爱国主义教育留下了取之不尽、用之不竭的宝贵遗产。从“路漫漫其修远兮，吾将上下而求索”的屈原，到“杖汉节牧羊”的苏武，从“精忠报国”的岳飞，到“人生自古谁无死？留取丹心照汗青”的文天祥、“天下兴亡，匹夫有责”的顾炎武，从“苟利国家生死以，岂因祸福避趋之”的林则徐，到“我自横刀向天笑，去留肝胆两昆仑”的谭嗣同等，无数仁人志士，都是在爱国主义旗帜的指引下，书写了壮丽的历史篇章。

（三）优良的道德品质

中华民族在长期的历史发展中，还形成了一系列优秀的道德品质，同时注重个人修养和道德品质的提升成为我国优秀传统文化的一项重要内容。尽管这些道德品质形成于过去，但其在今天对于促进个人的全面健康发展仍然具有重要意义。这些道德品质主要体现为以下方面。

一是自强不息的奋斗精神。中华文化高度关注现实的生活，强调生活的意义，并且追求人的自强不息精神。中国的文化发展自古就有不信鬼等反抗的精神存在，追求自身的发展创造。

二是知行合一。在我国的儒家文化发展之中，追求仁政成为其核心思想，并积极倡导“力行近于仁”，这在一定程度上体现了“行重知轻”的认识论思想，这种思想与实践品格的发展具备潜在的统一性。实践是获取认识的来源。要实现现代化就必须积极借鉴其他国家优秀的文化发展，在立足于本国的实践发展的基础之上进行文化的学习。

三是强调人的精神文化的发展。中华传统文化强调人的内在气质与修养建设，反对贪欲与功利。我国古代著名的思想家孟子强调人格的重要性，认为人格不能随意践踏。

四是追求真理，敢于献身自我。中华传统文化瞧不起那些贪生怕死的胆小的人，还反对功利性较强的人的发展。古人对真理的追求，能够做到持之以恒、永不言弃。这就是对真理的无限的追求，是现代社会发展内在动力。

五是注重人与人之间的团结互助以及伦理道德规范等。我国古代传统文化中非常注重君臣、长幼、夫妻、师生等人伦关系，尽管这些伦理道德规范是为了维护封建等级制度，有些内容已经不适应我国当前社会的发展，但其中一些传统美德仍然对促进整个社会的和谐发展具有重要意义。比如，强调“百善孝为先”“老吾老以及人之老，幼吾幼以及人之幼”，尊师重道、尽职尽责等，实质也是当前我们所倡导的家庭道德、职业道德、社会道德、个人美德等的具体体现，这些对于提升中华民族的整体的素质道德具有重要意义。

三、弘扬优秀传统文化的重要意义

（一）坚定全国人民的理想信念，实现中华民族伟大复兴的需要

中国特色社会主义根植于中华文化沃土，反映中国人民意愿，符合

中国和时代发展进步要求，有着深厚历史渊源和广泛现实基础。我国的特色社会主义文化发展根本因素是中华优秀传统文化，在继承中华优秀传统文化的基础之上，中国共产党不断探索适合中国的社会主义发展道路，将马克思理论与我国的发展现状相结合，实现中国化发展道路。中华文化的发展与马克思主义的发展都要以中华优秀传统文化作为基本要素，所以，不了解中华传统文化，就无法发挥中华文化具备的较强文化发展优势，达到我国文化发展的目的。

黑格尔在其《历史哲学》中指出，世界历史自身本质上是民族精神或国家精神的辩证法。即一个民族或国家之所以能屹立于世界民族之林，就在于其具有独特的民族精神和文化传统；而一个民族或国家要想引领世界发展，就在于其具有优秀的民族精神和文化传统。因为优秀的民族精神和文化传统是其“凝聚剂”和“助推器”。博大精深的中华优秀传统文化和时代发展的特征紧密地结合起来，能够为我国增添文化发展的动力。中华民族实现伟大的发展征程，既要反映我国的发展，同时也要继承我国悠久的中华文化。只有很好地认识和把握中华传统文化，才能很好地认识和选择当代中国的发展特色和发展道路，进而增强文化自信和道路自信。弘扬中华优秀传统文化，对于我们坚定中国特色社会主义的共同理想，实现中华民族伟大复兴具有重大意义。所以我们要积极传承优秀传统文化，为我国的文化发展增添新的文化发展动力，实现中华文化朝更加繁荣方向发展。

（二）强化公民道德建设，增强中华民族凝聚力的需要

道德的发展对于国家的整体发展具有深远的意义。道德是我国文化发展的最高层次的精神追求方向，正是这种追求，培养出了优秀的中华民族文化。道德对于整个社会的发展具有不可替代的作用，对于社会文化的发展起着基础性作用。道德行为建设与个人的发展息息相关。道德的发展立足于日常的生活之中，体现在个人的为人处世方面。中华传统美德是中华文化的精髓，蕴含着丰富的思想道德资源。

中华传统美德体现在个人修养和理想追求上，主张“修齐治平”。所谓“大学之道，在明明德，在亲民，在止于至善”，“物格而后知至，知至而后意诚，意诚而后心正，心正而后修身，修身而后家齐，家齐而后国治，国治而后天下平”（《礼记·大学》），则是经典表达。包括以孔子为主要代表的儒家思想，上至天子、下至平民百姓都强调修身的重要性。因此古人就将诚意的修养与思想道德修养等看作修身治家的本质。在中华传统文化的发展之中，追求积极向上的发展心态，经久不衰。中华传统美德落实到具体的实际之中，重点关注天下大同的核心思想，建设大同社会，实现整体的理想发展状态。中华传统美德培养了中华民族伟大的品德建设，提升了我国整体的文化发展创造力。所以，我国的文化在完善的过程中虽然遇到了很大的发展阻力，但是其所形成的高尚的人文主义思想的发展对社会的发展起到了积极的作用。

一个国家或民族共同的道德基础，是维系一个国家或民族团结统一的精神纽带，也是增强一个国家或民族凝聚力的文化基因。共同的文化基因、共同的道德基础不仅成为中华儿女独特的文化符号和标志，更是其万众一心、团结合作、同仇敌忾的凝聚力。因此，中华优秀传统文化作为我们共同的文化历史和精神，不仅有利于整个民族文化认同的形成，更有利于形成强大的向心力和凝聚力。中华民族历经沧桑岁月，仍始终紧紧凝聚在一起，这离不开中华民族共同培育的道德基础，离不开共同凝结的民族精神和时代精神，离不开共同坚守的理想信念。鲁迅先生曾说过：“唯有民族魂是值得宝贵的，唯有它发扬起来，中国才有真进步。”今天，当全体中华儿女致力于实现国家富强、民族振兴、人民幸福的中国梦的过程中，更需要铸造民族魂，集聚起强大的正能量，才能真正实现我们的奋斗目标。而中华优秀传统文化，积淀着中华民族最深沉的精神追求，是中华民族生生不息、发展壮大的丰厚滋养。2000多年前，中国就出现了诸子百家的盛况，老子、孔子、墨子等思想家上究天文，下通地理，广泛探讨人与人、人与社会、人与自然关系的真谛，提出了博大精深的思想体系。因此，大力弘扬中华优秀传统文化，特别是其中的传统美德，夯实全国人民共同的道德基础，在此基础上增强中华民族的凝聚力，无疑具有重大的理论和现实意义。

在中国特色社会主义道路不断得到发展的当今社会，注重道德素养的培养，增强中华文化发展的动力，文化建设是关键的环节和手段。所以，发展我国的优秀文化建设，强化我国的文化发展道路以及培育现代社会核心价值观建设对于我国的发展而言十分重要。社会主义核心价值观是社会主义先进文化的“魂”，增强中华民族的凝聚力，社会主义核心价值观建设处于关键地位，培育和弘扬社会主义核心价值观关系到社会的和谐稳定、国家的长治久安。

（三）增强文化自信，有效应对国际竞争的需要

现代人类社会的发展不是某一个国家的特殊成就和功劳，全世界文明都曾为世界的发展进步做出过积极的、卓越的贡献。当然在这一过程中因为环境、地域、文化传统等条件的差异，各个文化系统发挥作用的程度、影响力的大小也不尽相同。但不可否认的是，世界上所有的文化都是平等的，它们都是整个世界文化的组成部分，不存在优劣之分。因此，任何一种文明都不应该有文化心理上的优越感，甚至贬低其他民族文化，而更应该着眼于未来，为未来人类的发展做出更多的贡献。

中华优秀传统文化是中华文明历经沧桑而积淀下来的精华，是中华民族五千多年文明智慧最基本的元素和最珍贵的结晶，承载着伟大的民族精神和优良的道德传统。在中华文化的结构体系中，核心价值观是其枢纽和精髓。中华民族之所以能够历经数千年而不断繁荣兴盛，其重要原因之一就是我们的一代又一代先人创造了绵延不断的符合社会发展趋势的核心价值观和核心价值体系，并以此为精神支柱建构起了我们民族生生不息的精神家园。

在今后的文化建设中，一方面，我们要积极树立文化自信，认真学习和了解中华民族优秀传统文化；另一方面，还要选择性地学习和借鉴

外来民族文化，推动民族文化的繁荣发展。在当今世界激烈的国际竞争中，文化作为一个国家的软实力，其影响力和作用越来越显著。对此，我们也要迎头赶上，既要积极推动中国特色社会主义文化的繁荣，充分发扬本民族文化的优势和特长，在世界舞台上展示中华民族的内涵和魅力，又要选择性地学习和借鉴其他文化。

第二章　高校德育理论

第一节　高校德育的基本功能及目标价值

一、德育的基本功能

德育的功能指在一定社会历史条件下其所能发挥的作用和能力。原始社会的德育功能主要表现为劳动功能；阶级社会的德育功能则主要表现为政治功能；社会主义社会的德育功能除了政治功能外，还有一项重要功能，即经济功能。

（一）德育及其功能的含义

德育有狭义和广义之分。狭义的德育是指教育者对受教育者进行的道德品质教育。广义的德育是教育者对受教育者进行的政治教育、思想教育、道德品质教育、法制教育等教育的总和。

功能是指某一事物在环境中所能发挥的作用和能力，是事物的客观属性。德育的功能是德育所具有的客观属性。从不同的角度看待德育的功能，很可能会得出不同的结论。如果从社会功能的角度探讨德育的基本功能，在谈论德育的特性时，经常会提到德育的职能、作用、价值等。

“功能”是“物质系统所具有的作用、能力和功效”，“职能”是“人、事物、机构应有的作用、功能”。从内涵看，功能和职能有相同之处，都指事物的作用。但二者也有区别，“功能”所强调的是具有一定结构的系统的作用，而职能主要是指机构的职责和能力。把德育作为教育这个系统内的子系统，在谈到它的作用时，使用“功能”为宜；而把德育作为高校的职责，在谈到它的作用时，使用“职能”为妥。

“功能”是事物的客观属性，“作用”是“功能”的外在表现。“作用”是以“功能”为前提的，“功能”不明确，“作用”就难以发挥。同时，人们往往通过“作用”来考察“功能”。德育的作用是德育功能的表现，德育的功能要从历史的、现实的德育的作用去挖掘。“价值”，从社会学的观点来理解，是指事物的相互关系，即一事物对其他事物的有用性。德育的价值是指德育在某一方面的作用，同样是以德育的功能为基础的，是德育对其他事物的作用，但不是“功能”本身。德育的价值在不同的方面表现不同，而德育的“功能”在一定社会历史条件下却是确定的。

（二）社会主义社会德育的基本功能

社会主义社会是阶级社会向无阶级社会的过渡，因而在德育的功能上既保持了阶级社会德育的功能，又具有无阶级社会德育的功能。社会主义社会德育的基本功能，是政治功能和经济功能。

1. 政治功能

作为意识形态的德育，是由一定的经济基础决定的，有什么样的经济基础就会有与之相适应的德育。同时，作为上层建筑的组成部分的意识形态，一旦形成，就对经济基础有巨大的能动作用，它为经济基础服务，积极清除阻碍经济发展的旧观念。德育与其他上层建筑相比，有自己的特点，它不靠强制推行，而是通过教育为人们所认识和接受，然后形成社会舆论，变为人们的内心信念。因为政治是经济的集中表现，所以德育既为经济服务，又为政治服务。

2. 经济功能

德育为经济服务表现为德育的经济功能。德育作为教育的重要组成部分，其经济功能变得十分突出。德育的经济功能具体表现在以下三个方面。

（1）保证经济建设沿着社会主义方向发展

我国的现代化是社会主义现代化，我们的物质文明建设是社会主义的物质文明建设。社会主义方向是我们必须坚持的方向，保证这个方向就是德育的核心内容——政治教育的重要功能。具体地说，政治教育使经济建设牢固地建立在社会主义经济制度基础之上；保证“各尽所能，按劳分配”原则得到正确的贯彻和执行；保证生产经营始终坚持为人民服务的正确方向。

（2）培养受教育者适应经济发展需要的思想观念和价值取向

德育的经济功能还表现为，培养受教育者适应经济发展需要的思想观念、价值取向，提高受教育者的政治觉悟、思想水平和道德水准，为经济建设提供具有较高思想素质的劳动者。经济建设的主体是人，人只有具备多方面的素质才能满足经济建设的需要。德育的作用就是保证人才具备良好的政治、思想、道德素质，缺乏这些素质或素质不高的人难以适应经济发展。

（3）调动人的生产积极性，调整人们的经济利益关系

德育的经济功能的另一个表现，是调动人的生产积极性，调整人们的经济利益关系，创造和谐的人际关系，促进劳动生产率的提高。现代管理理论认为，影响劳动生产率的一个重要因素是人们的劳动积极性，而劳动积极性又往往是由人们的经济利益关系和人际关系决定的。如何帮助人们正确认识经济利益关系，创造和谐的人际关系，是思想政治教育的重要功能。除了物质利益外，人们还有精神生活的追求。人们对精神生活的追求不可能用物质的手段来解决，而只能借助精神的手段来解决，而德育是一种重要的精神手段。

二、德育目标的价值蕴含

德育目标是教育目标在德育领域的具体化。它在本质上是德育价值的凝结状态，是其自身前提条件的整合统一，是德育活动中的价值枢纽。德育目标的层次间、域分间的辩证联结，要求我们在认识和处理德育目标时必须注意协调过程目标与终极目标、首位目标与非首位目标的关系。

从教育的整个系统来看，德育目标是教育目标的一个重要组成部分，是教育目标在德育领域的具体化。所谓德育目标，就是指一定社会对教育所要造就的社会个体在品德方面的质量和规格的总的设想或规定，是在进行德育之前，人们对于要把受教育者培养成具有何种品德的人，在观念中所具有的某种预期的结果或理想形象。德育目标是从德育预期结果也就是从受教育者所要形成的品德的角度来说明德育的作用和认识德育活动的价值。因此，我们可以明确地说，德育目标就是对德育活动结果的具体要求，是对德育工作产品质与量的规定。这种认识在德育界是较有共识的。

（一）德育目标的本质

德育目标本质上是德育价值的凝结状态。将德育目标置于德育价值的视域中进行考察，并不是人为地牵强附会，而是德育目标自身的要求。目的的几个特征：第一，目的（劳动的结果）在劳动开始时就已存在于劳动者的观念之中。这是劳动者对劳动结果的理想性的观念设计。它是主体实践的动力与指令，也是主体实践所追求的理想成果。第二，这个目的必须通过实践“物化”到自然实体中，并使实体发生改变，以实现自身的目的。第三，目的应当是规律的反映，规律决定着主体实践的方式和方法。主体认识到规律后，即按此规律去实现自己的目的。综上所述，我们可以这样认为，所谓“目的”，就是主体根据自身客观规律和主体需要或内在尺度的认识而提出的并努力为之实践的未来客体的模型，或者观念中设计的未来行为的理想结果。目标，是目的的具体化和规范化。目的的实现过程也就是价值的创造过程。目的牵引着价值创造及创造的方向，目标凝结着价值的理想状态。从这个意义上讲，对德育目标的考察必须联系德育价值问题，以实现德育目标本性的回归。相反，离开价值论来谈论德育目标，以通常所说的“社会”的“设想或规定”，或者直接将德育目标确定为对“培养大学生的思想品质所做的规定”，往往易产生德育目标上的命令主义或权威主义的歧义。

德育目标作为德育活动中德育价值的凝结，其规定性在根本上取决于自身的特点。也就是说，只有依据德育目标自身的本质特点，才能给出相对完善的界定。因为从德育价值论来看，德育目标无疑是观念中设计的未来德育行为的理想结果。然而，德育主体对德育规律和主体需要或内在尺度的认识，总是受到社会现实条件的限制，德育目标只能是一定社会现实背景下的德育价值理想的凝结。因而，要想深入探讨德育目标问题，就要进一步研究德育目标确定的前提性条件。

（二）德育目标是其自身前提性条件的整合统一

德育目标的确定，并不是任由人们提出就能够保证其正确性、合理性的，而是必须依据其自身的前提性条件整合统一。这主要包括如下三个方面。

首先，必须坚持德育主体需要与德育规律的统一。德育目标即德育活动目的的表征。目的是主观性的，正确、合理的目的是以对客观事物发展规律的正确认识为前提的。同样，确定正确、合理的德育目的，也是要以对德育规律的正确认识为前提的。这种对德育规律的认识，包含了对社会及人自身生存发展规律的认识。当然，这种认识是相对的，它总是要受到生产力与社会发展的制约。只有在符合规律的基础上，德育主体对受教育者的改造才能得以完成。因此，制订正确的德育目标，必须坚持主观与客观相统一。反之，若违背德育规律与主体需要的统一，德育目标就只能是主观与客观相分离的一种空想。

其次，必须坚持超越性与现实性的统一。德育目标是对未来的设想，是理想的达到德育目的的标志性模型；德育目标又是对德育现实的一种扬弃，是对德育外在价值的一种超越。因此，德育目标具有未来指向性。如果德育目标无超越性与未来指向性，它就失去了存在的价值和意义。同时，德育目标又有其现实根据，具有现实的可能性，是以一定历史条件下现实的主客观条件为基础的。德育目标如果失去了现实性，就会成为空中楼阁，就不可能实现，同样也会失去其价值和意义。

最后，必须坚持统一性与多样性的整合统一。在一定历史时期，一个国家、民族具有共同的利益需要，则具有共同的德育目标。但德育目标又有其多样性。其一，德育目标具有层次性；其二，德育目标从横向看，又是多种类的。可以说有多少德育价值的种类就有多少种德育目标，包括政治性目标、思想性目标、道德性目标等。总之，德育目标是一个系统，是多层次、多域分、多方面的统一。多种德育目标互相联系、互相影响，因而相关人员要善于协调各层次、各种类目标并对其进行整合统一，注意各种德育目标的衔接与支撑，分清主次，辨清主流，使各种具体目标服从于整体目标。

(三) 德育目标是德育活动的价值枢纽

德育目标价值枢纽的地位和作用，首先表现为德育目标规定德育活动全过程的价值趋向。德育目标的提出是德育活动的起点，即德育价值创造的起点。实现德育目标，又是德育活动和德育创造价值活动的终点。整个德育过程是在德育目标价值枢纽作用的观照下进行的，是以实现德育目标为导向来组织、协调和调整主体全部行动的。也就是说，德育主体的全部活动都服从和服务于德育目标。因此，正确、合理的德育目标是贯穿德育活动和实现德育价值的中心环节。

德育目标决定着德育活动的手段。目标决定手段，手段服从于目标。广义地说，手段是主体作用于客体的一切中介的总和，包括工具、方式、方法、措施等。随着社会文明和科技的发展，人们对德育规律的认识不断深化，因而德育目的、德育手段也在发生变化。在当前我国社会主义社会，德育目标主要是培养社会主义公民，树立大学生的主人翁意识，使大学生成为中国特色社会主义的建设者和接班人。这就要求我们在德育活动过程中，德育手段要由灌输式向启发式、养成式过渡，德育工具也应偏向多样化。值得注意的是，在目的与手段的关系中，不仅前者决定后者，后者也制约着前者。目的的提出要以一定的手段为前提，因为手段是实现目的的必要条件和保证，没有一定手段的配置，目的就不能实现。在我国社会主义市场经济初步确立并逐步完善的背景下，如何建构并实施与社会主义德育目标相配套的手段，完成现代德育手段对传统德育手段的更新、改造，是当今德育工作的一项重要任务。

德育目标直接制约和影响着德育活动的价值归宿。德育目标是在活动之前（或者至少是在活动初期）提出来的。德育目标本身的规定性表明，全部德育活动都是为了实现它，德育主体据此调节自己的一切活动。因此，从总体来看，德育目标决定着德育活动的结果和价值归宿。当然，现实中的德育活动与活动结果的关系，并不是这么简单的决定与被决定的关系。从目标到结果的转化，是要通过一系列中介手段实现的。因此，德育结果事实上是由德育目标与中介手段的整合作用产生的。此外，外部环境和其他复杂因素，包括受教育者的自身状态、能动性等，对德育活动的结果也有重要影响。因此，在通常情况下，德育活动结果往往存在着对德育目标不同程度的偏离。这种偏离表现为动机与效果的矛盾，即效果与动机的偏离。一方面，存在着目标被实践所否定，不能实现全部目标的情况；另一方面，也存在着达到意想不到的良好结果的情况。在这两种情况下，主体都应从实际出发，通过反馈机制相应调节、调整自己的中介手段，其中包括对德育活动的工具、方式、方法、措施以及德育目标的调整，直至最大限度地实现德育目标。德育自身也正是在这种偏差与调整中完善自身、发展自身的。因此，这种目标与实践的偏差又可以称为“合法的偏差”。德育目标正是在这种“合法的偏差”的推动下，寻找对德育规律和主体利益的契合，寻找自身对合规律性与合目的性的契合的。在“合法的偏差”下，正确的德育目标总是要成为决定德育活动结果的首要因素。

（四）德育目标层次间、域分间的辩证联结

德育目标的层次、域分问题是德育研究领域中的一个复杂问题。一般来说，在德育目标确定和实施的过程中，教育者总是自觉或不自觉地依据受教育者的心理水平、接受能力和成长发育的生理特点及思想形成

规律和社会历史条件，因材施教；而且，德育目标在阐释自身时，也要求德育目标具有层次性和域分性。所谓德育目标的“层次”，主要是指德育目标在德育活动过程中，按照受教育者的特点及相应的目标要求而形成的不同水平或者不同阶段的标准。所谓德育目标的“域分”，主要是指德育目标按其内容的不同所形成的领域标准，它是德育目标在不同领域的具体体现。德育目标的层次性，体现的是德育目标的纵向划分标准；德育目标的域分性，体现的是德育目标的横向划分标准。实践表明，只有实现德育目标的层次间与域分间的辩证联结，才能真正形成德育目标的有机系统。因为同一层次的德育目标往往是由不同域分的目标构成的；同样，同一域分的德育目标又是由不同的层次连接而成的。这是德育活动的内在要求。

德育目标的层次间、域分间的辩证联结，要求我们在认识和处理德育目标时必须充分协调好两个关系，即过程目标与终极目标的辩证关系、首位目标与非首位目标的辩证关系。

1. 过程目标与终极目标的关系

终极目标是德育的总目标，是德育目标体系中所含价值最高的目标，是德育能量作用于社会的杠杆，只有它才能集中地表现出德育对社会的全部意义，因此，它在德育体系中占有极为重要的地位。过程目标是德育体系中的局部或阶段性目标。在二者的关系中，其一，要坚持过程目标以终极目标为指导的原则。砖瓦只有用于建造大厦才能体现其自身的意义，细流只有汇入江海才能浮起巨大的航船。过程目标只有与终极目标联结起来，才能培养社会主义事业接班人和建设者的必备素质。因此，过程目标要转化成终极目标的有机组成部分，就必须以终极目标为指导原则。当然，过程目标虽不像终极目标那样在德育目标体系中占有最高地位，也不能表明德育对于社会的全部意义，但过程目标具有强烈的直接性和现实性。没有过程目标，终极目标就会成为空泛的抽象。反之，我们也不能将过程目标脱离终极目标并将其作为终极目标来追求。因为一旦失去终极目标的统摄，过程目标就失去了正确的指导，就会随着人们功利性的追求而成为盲目活动。为此，德育工作者必须树立牢固的终极目标观念，以终极目标统率过程目标，根据终极目标的要求对德育对象施加有目的、有计划的影响。其二，终极目标要以过程目标为中介基础。因为过程目标虽是终极目标的逻辑展开，终极目标是过程目标的逻辑起点和逻辑归宿，但是，没有一定的过程目标的演绎积累，终极目标是不可能形成的。同时，在制订过程目标时，要注意使目标与受教育者的内在需要相结合，与受教育者的成长、思想和心理的发展层次相结合。离开了这两个结合，任何目标都会流于形式。此外，也要注意过程目标之间的衔接与连贯，以保证每一个过程目标与终极目标的逻辑一致性。事实上，终极目标的内容与形成状况，一般不会超越过程目标提供的可能性空间。终极目标虽是过程目标的最终归宿，是在过程目标逻辑发展基础上形成的，但它不是过程目标的简单集合，而是由过程目标抽象和升华形成的。这就是说，如果忽视过程目标，只强调终极目标在德育中的作用，忽视对人才的培养过程，或对人才的培养急于求成，幻想人的德行修养在某一刻突然达到理想水平，那么，最终将破坏终极目标赖以形成的基础，使终极目标成为无源之水、无本之木。

2. 首位目标与非首位目标的关系

高校的党团组织和所有的教员都要做好大学生的思想政治工作。将政治方向放在第一位，实际就是将德育中的政治目标放在德育域分目标中的首位，成为首位目标。政治目标外的其他几个目标也就成了非首位目标。

德育的基本内容在内涵和实践上无疑是互相联系、互相渗透的，但其各自的本质意义又是有区别的，不能相互混淆和替代。在德育内容上，显然是将政治方面的目标当作首位目标，其他目标当作非首位目标。但是，在德育实践和德育活动中，非首位目标并不意味着不重要。既不能以首位的政治方面的目标代替非首位目标，也不能使非首位目标政治化，更不能在新的市场经济发展的社会条件下只注意发展道德、心理健康方面的非首位目标，而忽略政治方面的目标。我们只有协调好德育目标域分间的关系，才能使德育健康发展。实际上，就政治教育目标而言，仅靠纯粹的政治教育是行不通的，而是要以其他域分目标方面的教育为基础、为条件；离开其他方面的支撑，政治教育难以落到实处。

需要明确指出的是，阐明德育目标域分间的首位目标与非首位目标，并不是说在德育活动的各层次、各序列都要过分强调首位目标。德育的内涵是丰富的，德育总是全方位地运行着，德育目标中的各层次、各域分都可能根据不同历史时期的实际和主客观需要而变化发展，加强或着重某一方面的教育不仅是可能的，而且是必要的。

在处理德育目标层次间、域分间的辩证问题时，要善于运用历史唯物主义和唯物辩证法的基本观点，不能把德育目标系统中的问题简单化、片面化。只有这样，才能使德育目标系统日益完善与科学，才能更好地满足新时期各方面对德育的新要求，为培养全面发展的具有较高德行素质的人才做出贡献。

第二节　高校德育的重要性

高校时期是人生道德意识形成、发展和成熟的重要阶段，在这个时期形成的思想道德观念对人的影响颇大。因此，高校时期是培养大学生对德育的认识，使大学生道德认知形成、发展和成熟的重要阶段。高校德育对大学生的成长至关重要，正确的道德认知是处理好个人与他人、个人与社会之间关系的行为规范，以及实现自我完善的一种重要精神力量，更是提高人的精神境界、促进人的自我完善、推动人的全面发展的内在动力。加强对大学生的思想道德教育，培养他们牢固树立社会主义荣辱观，对于他们成人、成才十分重要。

一、德育保证个体培养的正确方向，促进个人全面发展

德育，即思想、政治、道德方面的教育，德育对保证个体培养的正确方向，促进个人全面发展起主导性作用。目前我国社会各界关于思想道德修养建设的呼声越来越高，当代的高校大学生作为高素质人才，不仅要具备高超的专业技能，而且应具备良好、全面的道德品质。思想政治教育在各级各类高校都要摆在重要地位，任何时候都不能放松和削弱。思想政治教育和德育工作之所以重要，是因为它是一项塑造人的灵魂的工程，是教大学生如何做人的工作。德育是大学生形成良好道德品质的重要途径。一个人有什么样的道德行为，与他所受的德育分不开。高校阶段是培养一个人道德品质的最重要时期，无论在理论、实践还是在情感、心理上，大学生都非常容易接受正面的教育。高校阶段同时也是一个人思想和行为定位的重要时期，这一阶段所接受的教育和文化熏染可以影响一个人一生的思想道德品质和价值取向。对大学生加强德育，是构建和谐社会的客观要求。和谐社会是指人与自然、人与社会、人与自身关系全面协调并在全社会范围内达到和谐融洽的社会状态。大学生是时代青年中的佼佼者，走向社会后，他们的道德品质将直接影响整个社会的道德品质状况。对大学生加强德育并且提高其思想政治素质，已经不仅仅是党和国家的战略要求，也是培育我国社会主义事业的建设者和接班人的必然要求。当代大学生都成长于我国经济和社会的大变革时期，他们思想活动和心理状态的独立性、多变性、差异性非常明显，同时，在学习、生活、成长等方面他们面临着很多矛盾和困惑。因此，高校要加强对大学生及时、正确的德育引导，使当代大学生树立正确的世界观、人生观、道德观和价值观。

二、高校实施素质教育应突出德育的首要地位

培养人才是高校的根本任务。高校教育担负着培养人才的重任，高校德育则担负着培养高品德、高素质人才的重任。高校教育包含着高校德育，高校德育融于高校教育，居教育之首，引领教育的方向。在中

国，我们党的教育方针历来强调德育的意义和大学生德智体美劳的全面发展，强调教育的德育方向。育人为本，德育为先，是我们的首要理念。

德育在树立大学生正确的意识形态、形成以社会主义核心价值观为体系的过程中具有十分重要的作用。在素质教育中，德育起着决定性、主导性的作用。思想道德素质对调动和发挥人们其他素质潜能起着价值导向和调控作用，它决定着人的综合素质。所以说，以理想、信念、道德、世界观、人生观、价值观为主要内容的思想道德素质，是人的素质系统中最具影响力的要素，它关系到今后一个人的为人之道、处世之道。加强对大学生的德育，是培养高素质人才的需要。从人才培养的规律来看，大学生在校学习期间，是其世界观、人生观、价值观形成的关键时期，此时加强大学生德育，对于树立正确的世界观、人生观、价值观具有决定性的意义，对于提高大学生识别和抵制错误思想倾向的能力，具有十分重要的作用。当今大学生容易受到互联网等新兴媒体的影响，缺乏社会实践经验，对网络等新闻媒体的一些报道不能正确理解和对待，往往容易产生偏见，从而影响自己的世界观、人生观和价值观，并可能出现政治信仰迷茫、思想信念糊涂、社会责任感缺乏、艰苦奋斗精神淡化、团结协作观念差等不良品质。从当今大学生的成长环境来说，也需要对大学生加强德育。

三、德育能帮助大学生成为国之栋梁

在高校阶段加强对大学生的德育，能使他们具备良好的思想道德品质，真正成为国家的栋梁之才。教育是民族振兴、社会进步的基石。人一生下来就需要学习，接受各种各样的教育，学习和教育是伴随人的一生的。教育也是提高国民素质、促进人的全面发展的根本途径。坚持德育为先，不断推进素质教育，是教育改革发展的战略主题，也是贯彻党的教育方针的时代要求。高校的根本任务是培养人，以德育人既是培养人才的重要手段，也是培养人才的重要目的。德育工作始终要围绕解决大学生“做什么人、走什么路、为什么学”的问题。高校是培养中国特色社会主义合格建设者和可靠接班人的重要“摇篮”，其必须重视德育，必须切实加强和改进大学生的思想政治教育工作。当今社会，我们既可喜地看到当代大学生在大是大非和重大灾害面前展现出良好的政治素质、强烈的爱国情怀和高尚的精神风貌，但同时应该看到部分大学生的思想观念、价值取向在市场经济的作用下出现了新变化，他们对一些重大问题还存在模糊甚至是错误的认识。因此，要加强对大学生的德育，让他们具备良好的思想道德品质，成为国家的栋梁之才。总之，高校必须始终保持清醒的头脑，以提升德育质量为重要途径，克服多方面因素形成的新挑战和新问题，更好地帮助大学生健康成长和成才。

我们常常把高校教育分为德育、智育、体育等几个主要的方面。在高校教育中，智育重在对人智力的开发，这是培养创新人才才智的主要手段，它主要是通过课堂教学来实现的。德育是政治教育、思想教育和品德教育的集合，现在也有人把心理健康教育归为德育。长期以来，高校教育总是人为地把德育与其他教育割裂开来，把德育当作高校分工中的一个门类，总是把“教学”放在一切工作的中心地位，这种“教学崇拜”有不断加强的趋势，使大学生才智因素的培养有了观念和行动上的保障。但在此情况下，大学生非才智因素的培养工作就会弱化，这是必须解决的问题，加强德育就是为了应对这一问题的。事实上，德育属于教育目的的范畴，它不是高校的一种工作，而是高校一切工作的归宿，是高校一切工作的最终目的之一。因此，在培养创新人才的过程中，要把德育渗透到各种教育中，使其相互联系、密切协调，实现共同育人的目的。

塑造人类的精神和铸造人类的灵魂是时代赋予教育的重要使命。不少人往往有这样一种思想误区，即把大学生道德的有无局限在对人的意志与行为是否有限制和防范上，将道德教育变为空洞的说教和灌输。这种观点通过强硬的纪律约束、严密的管理程序、量化的评价手段和无情的惩戒措施，严格地控制大学生的道德行为和道德成长，无视人的价值内涵和精神品性，把本应温情脉脉的道德教育变为琐碎的行为训练和消极防范。毋庸置疑，信息时代对人的要求之高是前所未有的，道德的社会作用之大是前所未有的，道德教育的紧迫也是前所未有的。人的全面发展首先是德育的发展，因此高校教育不可能少了德育。

高校德育是个系统工程，主要体现在其内容和实施途径上。就内容来说，高校德育应该包括爱党、爱国、爱人民、爱劳动、爱科学、勤奋学习、遵纪守法、心理健康等各方面；就实施途径而言，高校德育是以专门的思想品德课为主，各学科渗透，充分利用校内团队、各种群体组织和集会、节日庆典、升降旗仪式、晨会和课外活动等形式落实的。

实施素质教育首先是思想观念的转变，而思想观念转变的一个重要途径就是在实施素质教育的过程中进行德育渗透，充分利用素质教育的主阵地——课堂，对实施素质教育的主体——大学生，进行思想渗透。如何加强高校各学科的德育渗透，是当前教育改革一个亟待解决的重要课题。

在全社会普遍重视加强和改进大学生思想道德建设的大氛围下，高校作为专职教育单位，“把德育放在高校一切工作的首位”已是共识。加强对大学生进行政治教育、思想教育、道德教育、法纪教育和心理品质教育，对促进大学生全面发展起着主导性作用。为了树立“课课有德育，人人是德育工作者”这一教育理念，教育工作者应积极开展“各学科渗透德育”工作，拓展德育阵地，增添德育渠道，丰富德育形式，扩充德育内容，使高校传统美德特色教育在学科渗透中增添新的时代内涵，在加强和改进大学生思想道德建设中发挥重要作用。“人之初，性本善；性相近，习相远”，由此来看，人的一生，“习”性教化可谓最重要了。高校教育主要应起补救、输送、升华的作用。因此，作为人生中间阶段的高校教育，就要针对每个大学生家庭教育的现状，及时采取补救、输送、升华的措施，这应成为高校德育工作的主导工作。

高校德育的职能主要是输送和升华。高校德育是个系统工程，整个人生道德、行为习惯的养成主要是在高校教育阶段获得。高校德育的升华教育就是要把每个人潜在的道德意识从原始状态提升到理性认识，并进一步养成每个人的自发性的行为习惯，使其成为每个人跨入社会后各项工作得以顺利进行的重要保证。高校德育是人生道德形成过程中最重要的一环，因此每一位教育工作者都应认真贯彻落实党和国家的教育方针，始终把德育工作作为高校工作的首要任务来抓，为把每个大学生都培养成对社会有用的合格公民而努力。

第三节　高校德育的理论探索

一、道德教育是高校德育的根本

（一）强调道德教育的基础性质是最基本的教育共识

强调道德教育的基础性质是教育界的一个最基本的共识。这一命题可以从理论和实践两个方面予以佐证。从理论上来说，“道德教育是教育的根本”是许多教育学家的共识。从近代教育学产生之日起，强调道德教育的基础意义就与教育学家们对教育的价值属性的共同认知紧密联系在一起。教育以人类个体的未完成状态为起点，通过养护、管教、教导等环节，最终以发展大学生的善良为倾向，使之成为道德存在的目的。今天的教育已经进入了互联网时代，科技教育在高校教育课程中的比例正在无限增大。但是，世界上理性的教育学家们都一致肯定教育的价值性，都承认道德教育在全部教育中的核心地位。正是因为这一点，面对全球范围内的挑战，联合国教育科学及文化组织（简称联合国教科文组织）已经将“学会生存”作为一种新的教育哲学加以提倡，强调我们有足够的理由重新强调教育的道德和文化因素。从道德教育与政治教育关系的角度审视道德教育的基础性、重要性，也是许多教育学家的共同选择。

从全球视野来看，随着可持续发展观念的确立，以及高校教育对于道德教育的深入反思，强调道德教育在全部教育中的基础性和重要性，采取不同措施，强化不同形式的道德教育，是当代教育理论与实践的共同取向。

我国教育界亟待完成高校德育的重心转移：从泛化的德育走向以道德教育为核心的、基础的、常规的高校德育。在道德教育基础之上，为塑造中华民族基本品格而进行的高校德育，是我国改进基础教育品质，迎接新时代、新开放、新挑战的必然选择。

道德教育是高校德育的根本。高校是进行系统道德教育的重要阵地，大学生是公民道德教育的重点人群，公民道德教育是高校德育的重要内容。明确道德教育在高校德育中的基础地位和作用，对于增强高校道德建设的自觉性、减少随意性、克服盲目性、提高高校德育工作的实效性、促进大学生德智体美劳全面发展，具有重要意义。

（二）道德教育是思想政治教育的基础

德育是对受教育者进行思想品德教育的一种教育活动，一般包括政治教育、思想教育和道德教育几个部分（心理素质教育应贯穿于整个德育过程），它们既相互区别又相互联系。政治教育是关于政治原则和政治方向的教育，其功能主要是确定教育的阶级属性和解决人的政治方向；思想教育是关于世界观和人生观的教育，其功能主要是培养人的科学的世界观和人生观，提高人的认识能力和帮助人们掌握科学的思想方法；道德教育是伦理道德规范和基础文明的养成教育，其功能主要是通过使人掌握道德原则和标准教人学会如何做人和评价他人等。根据大学生成长的特点和品德形成的规律，德育内容应有不同的层次。对大学生来说，思想政治教育属于高校德育框架中的高层次教育，它更理论化、更宏观、更概括，大学生接受这种教育往往需要更多的生活积累。相对而言，道德教育则更倾向于实践，属于德育框架中的基础层次教育，它是处理人际关系的一种行为准则。

在高校德育体系中，道德教育具有基础性作用。政治和思想教育的繁枝茂叶，是根植于道德教育的沃土的。一个道德高尚的人，在政治和思想上往往也是进步的；道德沦丧是导致一个人政治、思想蜕变和堕落的最初原因。只有注重对大学生进行基础道德规范的传授和养成，大道理才有坚实的基础，整个社会风貌才可能有大的改观。从大学生道德品质的养成入手实施政治思想教育，符合大学生的接受水平，较易实施，并且可以使道德教育收到“由近及远”“推己及人”的功效。因此，政治教育和思想教育虽然是高校德育中不可缺少的内容，但高校德育的工作重点应放在道德教育上。

（三）道德教育是个体思想品德形成的基础

道德教育不仅是政治教育、思想教育的基础，而且可为大学生打好做人的基础。道德教育的主要目的和功能之一就是教人通过掌握道德原则和标准学会做人，懂得做人的基本道理。一般来说，一个心地善良、乐于助人、有强烈道德责任感的人，会走上一条服务社会的人生道路；一个恪守道德规范的人，由于自律，他会比较自觉地遵守法律规范和政治规范；一个有高尚道德操守的人，能够为民族和国家利益采取积极行动，乃至献出自己的青春和生命。在历史上，一些具有高尚道德品质的人，尽管他们在世界观、价值观上不尽一致，甚至在政治上可能有分歧，但是他们不会故意去伤害国家和人民。而一个没有道德良心的人，很难在政治上保持坚定，一个空有理想而实际缺少道德的人，其“理想”也很难真正变成现实。

高校教育的首要任务是使大学生学会做人，把大学生培养成为社会主义事业的建设者和接班人。大学生从小养成做人的基础伦理道德和良好的行为习惯，会终身受益。否则，恶习一旦养成，矫正起来就十分困难。因此，高校德育应该把道德教育作为基础工程切实抓好，在培养大学生良好道德品质上下功夫。

个体思想品德的形成和发展具有一定的顺序。人的道德意识一般是先于他的政治意识、世界观、人生观产生和形成的，人的道德行为也先于其政治行为、法律行为的形成和发展，并且对其思想品质和政治品质的形成与发展产生积极影响。

人的道德品质是思想品质和政治品质形成与发展的结果。第一，个体思想品德的形成与发展受其身心发展水平的制约，与其身心发展水平相一致。第二，个体思想品德的形成与发展，是以其自身所参与的活动和交往为基础与中介的，与其所参与的活动和交往的范围、性质、水平相一致。具体地说，大学生的抽象思维还没有充分发展，理论思维水平还很低。他们还不能真正理解社会发展的规律以及人生的真谛，从而不能真正拥有科学的世界观、方法论和正确的人生哲学。从时间上看，高校的思想政治教育应当在适当的道德教育之后逐步进行；从逻辑上看，高校的思想政治教育应当建立在基本的道德教育基础之上。

二、新时期高校德育实效性研究

（一）高校德育实效性的概念

德育这项实践活动所取得的实际效果被称为德育的“实效”。具体来说，德育实效性是指通过投入一定的人、财、物、时间等，获得的效果和好处，即德育目标在特定的环境条件下的实现程度。如果德育对改善大学生的道德素质产生了积极的推动作用，那么德育就是有实效性的；若没有产生推动作用，那么德育就没有产生实效性。高校德育的实效性，是高校德育工作者通过课堂等主渠道将德育理论传授给在校大学生，让大学生通过自我的学习和感悟，将其转化为自身内在的道德素质，再通过一定的德育实践，将这种内在的道德素质转变为生活中的日常行为的程度。

（二）提高高校德育实效性的对策

德育可以说是高校教育的灵魂和先导，它与智育、美育、体育、劳育相互联系，彼此渗透，对大学生的全面发展和健康成长起着重要作用。因此，相关人员必须高度重视德育，把德育工作放在高校工作的首位。但新时期德育工作的环境已经发生了很大的变化，高校需要与时俱进，相应地转变工作方法。

1. 增强高校重视程度，完善德育工作机制

（1）加强领导，完善德育工作机制

高校应该建立完善的德育管理体制和工作机制，把高校党委作为德育工作的领导核心，成立以高校党委为首的德育工作领导小组，由领导小组负责德育工作方针、德育工作任务和总体规划的研究、制定，形成党委统一领导、党政齐抓共管、全校紧密配合、上下共同推进的德育工作体制。高校应建立系统的德育体系，明确目标，细化责任，在全校范围内广泛推行，营造良好的育人氛围；引导全体教职工共同履行以人为本的德育原则，制定相应的制度，比如在评聘职称时的制度倾斜，鼓励更多品德高尚、敢作为、有能力的优秀教师加入德育队伍，让更多的人来关注德育工作，真正实现“育人为本，德育为先”。

（2）加强德育工作队伍建设，努力打造一支专业化、职业化的德育工作队伍

德育工作队伍是高校德育的组织保障，高校的德育工作除了高校党委的重视外，主要依靠德育工作队伍来完成。当前的德育工作人员主要是高校的党政干部、“两课”（我国现阶段在普通高校开设的马克思主义理论课和思想政治教育课）教师、辅导员和班主任，他们往往身兼数职，工作任务繁重，很难拿出专门的时间和精力来对大学生开展德育。高校党委应高度重视，加强组织领导，真正把德育工作放在首位，采取切实措施，培养一批具有坚定的政治方向、扎实的理论功底、敢于开拓创新的德育工作队伍，提高其职业化和专业化水平，使这支德育队伍真正成为大学生健康成长的指导者和大学生全面发展的引路人。高校领导层面应从各个方面给予德育工作队伍适度的关心，适当倾斜待遇，提高德育工作岗位的吸引力，吸引更多的教师加入，不断扩大和充实德育工作队伍，真正建立起一支高水平的德育工作队伍。同时，应适时地对德育工作者进行培训，统一其思想，提高其认识，使之在掌握德育理论知识的同时积极开展学术研究，真正成为德育领域的专家，增强其归属感和使命感，提高德育工作队伍的稳定性，从而真正实现德育工作队伍的职业化、专业化。

2. 充分发挥德育教师的人格示范作用，营造全员育人氛围

对大学生来说，学习知识固然重要，但具备良好的人格和品德更重要，一个品德低下、道德败坏的人是不会赢得他人的尊重，成就自己的人生的。大量事实也说明，人的良知一旦泯灭，道德出现问题，学再多的知识也是没有用的；育人一旦失败，教再好的学问也是徒劳的。在大学生成长的道路上，教师要肩负起相应的责任。

学高为师，身正为范。教师的一言一行、一举一动都对大学生有着强大的示范作用和潜移默化的影响。因此，我们必须加强高校教师的思想道德建设和职业道德建设，提高教师的道德修养和综合素质，不断提高德育工作人员师德修养，充分发挥教师的人格示范作用，树立以人为本的服务意识，做到为人师表、言传身教，通过教师的人格示范作用培养大学生为人处世的态度，使教师成为大学生崇拜的对象、信赖的朋

友，从而达到成功传递科学的道德观念和价值标准的德育目标。我们应强化“育人为本，德育为先”的理念，让更多的教职工参与德育队伍中，把全员育人、全方位育人的思想贯穿到高校教学、管理、服务各个方面，努力形成全员参与、齐抓共管的良好德育氛围。

3．创新德育内容，改进德育方法，增强德育实践

（1）创新德育内容

当前的德育教材内容相对滞后，对大学生缺乏吸引力和感染力，并且普遍存在着以说教、灌输为主的方法，大学生处于一种被动接受的状态，这些都影响了德育的效果。我们应积极地创新德育内容，注重与时俱进，不断挖掘当前社会热点中所包含的德育素材，利用身边的德育资源，将德育渗透到大学生生活的方方面面，而不仅是单纯地停留在教材的“理论”或“概念”上；合理地借鉴国外优秀的德育理论和德育方法，丰富德育方法和形式；注重中华优秀传统文化的传承和启迪作用，让大学生深刻领会和感受传统文化的魅力，乐意接受并传承传统文化中的精髓，并将之转化为内心自觉的信念和实际行动。新时期高校道德教育内容要贴近大学生的生活实际，满足大学生的现实需要，充分彰显“以人为本”的德育理念。只有这样才能真正走进大学生的心灵，启迪大学生的道德思维，深化其已有的道德认识，增强其道德选择和判断能力，从而培养其良好的道德行为习惯，增强德育效果。

（2）改进德育方法，增强德育实践

德育不仅要传授知识、示范行为，使大学生“知其然”，还应该让大学生“知其所以然”。在具体的教育方法上，要改变传统的灌输模式，采取多样化的教育手段，运用案例分析、小组讨论、演讲、辩论等方法，增加大学生的参与热情，调动大学生学习的积极性和主动性，使大学生成为道德认知的主角；积极组织大学生参加道德实践活动，通过志愿者服务、假期社会实践、与福利院孤寡老人及社区“空巢老人”结对帮扶等活动，让大学生认识到自我修养的必要性，从而使大学生对德育内容内化于心、外化于行。德育方法应贴近社会、贴近生活、贴近大学生的实际，适应大学生的成长特点。在德育课程教学中，还可以探索德育教师与团委、大学生社团联合开展活动的方式，在德育实践活动中让

德育课老师参与活动的设计和规划，并全程跟踪和指导，把课堂教学内容融入社会实践活动，实现理论向实践能力的转化，帮助大学生认识社会、服务社会，在实践中强化道德内容，巩固道德信念，并建立科学的评价体系，将实践表现计入德育课成绩，以增强德育的实践效果。总之，德育只有从态度、形式、内容、方法等多方面加以改进，做到与时俱进，才能真正发挥应有的育人作用，达到预期效果。

4. 创新德育理念，把社会主义核心价值体系融入高校德育

（1）创新德育理念

新时期高校德育要紧密结合社会实际，树立以人为本的德育理念。高校德育要充分尊重大学生的主体性地位，积极地转变观念，将大学生的被动接受转变为主动学习。教师在德育引导的过程中需要切实加强与大学生的沟通和交流，加强人文关怀和情感投入，找准着力点，让德育不仅能解决大学生较深层次的思想问题，而且能解决其生活中的实际问题，遵循德育的规律，融入社会主义核心价值观，引导大学生学会主动选择，充分发挥自我教育能力，通过一系列科学的、行之有效的方法、举措和途径，帮助大学生树立新的德育理念。

（2）引导大学生积极培育和践行社会主义核心价值观

青年是这个社会中最活跃的群体，也是代表现在、影响未来的关键人群，倘若能用社会主义核心价值体系引领青年人的思潮，就能在很大程度上成功引导整个社会意识的走向。特别是当今时代，活跃的社会思潮对大学生影响显著，部分大学生在价值选择和判断上摇摆不定，思想呈现出盲目的多元化发展趋势，表现出个人主义、功利主义、自由主义的倾向，缺乏远大理想、社会责任感和公民意识，用社会主义核心价值观对其进行有效的教育引导，非常必要。

第四节　高校德育原则论

一、高校德育原则概述

高校德育原则是高校教师对在校大学生进行德育工作时遵从的基本

原则。此原则既体现了高校德育全过程的规律性，也高度总结出了高校德育实践经验。在当今时代探索高校德育原则，不仅对德育实践具有现实意义，同时也是研究高校德育理论发展的必然选择。

（一）高校德育原则的内涵

德育原则是根据教育目的、德育目标和德育过程规律提出的指导德育工作的基本要求。德育原则对如何制定德育大纲，确定德育内容，正确选择德育组织形式，合理运用德育方法等方面都具有指引作用。

在我国，对于德育原则的含义，学术界大体有两种看法：广义的是指对社会成员在政治、思想与道德等方面有计划、有目的地施加影响的活动进行引导，包含高校德育原则、社区德育原则、家庭德育原则以及社会德育原则等。而狭义的含义主要指高校德育原则，它是教育者有目的地培养受教育者品德的活动所遵循的指导原则，是教育者需要按照一定的社会或阶级要求，有目的、有计划、有系统地对受教育者施加思想、政治和道德等方面的影响，并通过对受教育者积极地认识、体验、践行方面的总结而形成的一定社会与阶级所需要的品德的教育活动原则。

高校德育原则指的是在高等院校中以大学生为培养对象的德育原则。我国高等院校的德育原则，是教育者在按照党和国家的要求，坚持社会主义方向，坚持以马克思主义为指导的大方向下制定的。它不仅注重理论方面的教育，同时也注重实践方面的教育。它是联系国内外政治经济文化的发展变化和大学生思想实际的基本原则。高校德育原则是指在高校德育的实施过程中，为实现德育目标，在确定德育内容、选择德育途径和方法等方面所必须遵循的指导思想和基本准则。高校德育原则涵盖德育思想，体现德育意图，并与中小学德育原则有着层次性联系。它的基础是高校德育的实践经验，遵循高校德育的客观规律，同时也反映高校德育的本质特点。它来源于实践，指导着实践，被实践检验，并在实践中不断丰富和发展。

（二）高校德育原则的研究意义

研究高校德育原则问题，是适应变化了的高校德育和社会存在环境的需要。当今世界，经济全球化、政治民主化、科技信息化的趋势势头猛进、不可阻挡，同时信息交互作用显著，各国间文化相互渗透，社会正发生着结构性的变革。我国处在进一步深化改革、实施经济体制转轨与社会结构转型的关键时期，经济发展迅猛，社会转型剧烈，中国特色的社会主义事业日新月异。在这样的社会现实下，青年大学生的价值观有了很大的变化，思想道德状况有了全新的特点，这对高校德育原则提出了新的要求。高校德育原则的确立必须与改革开放和社会主义现代化建设实践相统一，只要顺应社会现实与高校德育对象变化紧密联系起来、与国际社会的发展趋势结合起来，高校德育就能充满活力，适应社会主义现代化发展的需要。

身处知识经济时代，高校德育承担了新的使命。研究高校德育原则问题，是顺应我国教育改革发展的需要，是提高综合国力和增强民族凝聚力的重大职责。这就对高校的人才培养提出了更高的要求：深化教育改革、发展教育事业、实施科教兴国战略。积极培养适应知识经济要求的高素质创新人才，这是着眼于国际竞争的挑战，着眼于中华民族在新世纪的伟大复兴，进一步适应教育观念转变、教育体制改革以及教育目标调整的重中之重。

研究高校德育原则问题，是加强和改进高校德育工作的前提。长期以来，由于受到各种环境因素和社会深层次矛盾的影响，虽然高校德育工作在培养社会主义的建设者和接班人方面做出了成绩，但是也有很多没能解决的现实问题。

研究高校德育原则问题，是弥补其自身发展滞后的缺陷，提高其规范性的需要。高校德育原则存在着发展滞后现象，这是由于高校德育整体性研究欠缺、零乱且不规范，缺乏针对性、超前性和科学性，指导意义不突出等。为了弥补这些缺失，不断提高高校德育的实效性，我们应以中国特色社会主义理论为指导，研究新情况，解决新问题，潜心研究高校德育原则。高校德育涉及方方面面的因素，以往制定的高校德育原则条目众多，其相互关系十分复杂，这不利于德育工作者正确把握和落实。因而，有必要依据现阶段高校德育中的主要关系和社会需要，对现有的高校德育原则进行研究、整合、更新，达到协调统一，提高其规范性和科学性，保证德育目标的实现。

二、高校德育原则确立的理论依据

（一）科学发展观中的“以人为本”思想

“以人为本”思想是在马克思主义学说的基础上关于人的学说的延伸和运用。这里所说的“人”不是抽象的，而是现实的、具体的人。高校德育中的“以人为本”思想应体现为以下几方面。

第一，在教育中坚持以人为本思想就是以“人”为中心，重点表现“人”的发展。教育的起点是“人”，其终点也是“人”。所以教育的根本是育“人”，坚持以人为本是现代教育的基本价值。造就具有道德意识和行为的社会成员是德育工作的本质。大学生不是一味处于被动地位的客体，而是高校德育工作的主体。任何教育只有将被动的填鸭式教育转化为自我管理、自主学习，才能真正达到教育的预期效果。作为高校的德育工作者，应有能力将社会要求转化为大学生的自我要求。德育工作的重点是要努力培养大学生的意志力、判断力、创造力和高尚的人格。构建积极进步的社会道德体系，发掘大学生潜能和价值是高校德育的最终目的。高校德育工作一定要坚持开放性和多元价值，帮助大学生明辨是非、树立正确的道德观念。现阶段，高校德育工作的重点应从单纯的灌输知识，提升为让大学生掌握自我研判和分析的能力，学会自己面对人生、创造人生。

第二，坚持教育以人为本要不仅从心理上关心人，而且从行动上帮助人。因此，管理是途径保证，教育是核心思想，服务是拓展理念。大学生思想问题一般分为：其一，需要用思想政治理论思考问题；其二，需要按照一定要求和规范培养行为习惯的问题；其三，需要根据大学生的实际困难帮助大学生解决问题。三种思想问题，需要结合在一起，用教育、管理、服务的解决方式。德育要真真正正地做到一切行动从大学生的根本利益出发，根本目的是切实关心大学生成长成才，调整好高校内的管理、教育以及服务资源等，完善大学生成长、学习、生活、就业和维护大学生权益所需要的服务体系。21 世纪教育理性追求的本质规律就是尊重，切实做到关心大学生的学习和生活的各个方面。这就要求德育要尊重大学生本身、人格、责任和基本权利，明确大学生不是机器人，让每位大学生都得到民主平等的对待和尊重，然后健康成长。与此同时，要求不仅要重点抓好贫困生帮扶，而且要抓好大学生维权体系的建设，尤其要关注教学质量、各项收费、食堂伙食、住宿等和大学生利益相关的问题。通过完善工作制度，改进工作作风，保证大学生的投诉得到受理并获得满意的答复。

第三，坚持教育以人为本就是要把教育与人的尊严、幸福和价值联系起来，坚持人性化架构，用现代人的思想、视野培养全面发展的人，使教育人性化。教育本质有三种基本观点：其一是培养人的实践活动；其二是人之自我构建的实践活动；其三是价值引导与自我构建的活动。因此，当代高校德育的重要任务就是要坚持教育的人性化、具体化，树立教育的社会性、时代性，培养文化素养高、人格健全的人，这是现代社会对人的基本要求。现代人的自我价值和自我尊严没有统一的衡量标准，人生是一个寻找和发现自我价值的进行时。因此，高校德育应实现社会价值和个体价值的统一；而大学生个体要实现自我价值，必须在社会价值中把握社会发展趋势。

第四，坚持教育以人为本就是要体现人文关怀和情感共鸣。教育既是文化知识的传播，也是人格魅力的养成。德育是用人的感情与人交流的工作，通过交流达到用真情打动人、用道理说服人的目的。人应该用健康向上的情感、高尚的思想品格去体验珍视生命、珍爱生活、热爱自然的乐趣。人文关怀就是有信念地追求生命和理想，关心每位大学生的生活点滴和思想情感。实践证明，无论多么先进的教育方法、无论多么完善的管理模式、无论多么发达的现代传媒，都不能代替人与人之间的沟通和交流。生活的富足才能让人的精神和思想品质不断成长。

第五，坚持教育以人为本就是要注重大学生的个性发展，发现每位大学生的兴趣、爱好和特长。没有个性就没有创造性。有个性才能培养出独特的竞争力，才能取得成功。个人主义和个性不同，个性的发展符合人才成长的必然规律，个性发展的基础是全面发展，是核心发展。培养个性的主要特征是：让大学生在广泛的兴趣、良好的心理基础上产生强烈的求知欲和创造力。

（二）系统科学理论中的“大德育”思想

系统科学理论在高校德育中表现为“大德育”思想，其要点为：

首先，系统的本质属性是整体性。系统存在于物质环境中，并持续与环境进行物质、能量和信息的交换。事物的存在本身就是一个系统，系统是由事物内部互相联系和相互影响而组成的有机整体。德育系统中有三个最基本的因素：教育者、受教育者、教育过程。加强高校德育创新，必须从整体出发，有高瞻远瞩的意识，从综合的思想出发，明确调控目标，使各系统调整成为一个四通八达的德育网络。高校德育工作量大面广，组织过程要调动有效的调控机制，才能井然有序。因此，发挥德育功能的正面效应，需要加强校内各种教育资源的整合，还要取得高校、社会和家庭的支持，从整体上协调好，做到全员育人。

其次，系统的另一特点是分层。不同的层次其发展规律也不相同。所以，高校教育的层次性最终取决于受教育者自身的层次性。若想要得到好的德育效果，掌握好德育对象的主体性观念以及有目的性地开展工作很重要。把握德育对象的层次性要求要根据大学生在学习过程、教育环节、时机等不同方面采取相适合的教育方法、手段和内容，要注重大学生的综合素质培养和全面发展相结合，为保证大学生的健康发展打下良好的基础。

最后，发挥系统功能的作用，需要该功能的各个要素有机结合。要把各个要素的结构功能调配好，保证系统内部的各个要素都达到最佳的配置和建构，使得系统结构和工作达到最优化。因此，我们必须做好下面几项工作：协调好高校、家庭和社会之间的关系；协调好高校内部各岗位和工作部门之间的关系；协调好高校德育工作中的管理和评价关系，构建和谐的大德育工作系统。

（三）高校德育理论中的“内化外化”思想

“内化外化”思想是解决思想政治教育基本矛盾，揭示德育过程中人的内心外在表现变化过程的重要规律。好的德育既要依靠教育者的科学传授和悉心组织，也依靠受教育者自觉的内化和外化思想。内化是指把教育者传授的思想政治的核心内容转化为受教育者内在的个体意识的过程；而外化是指受教育者把自身的个体意识转变为外在的实际活动行为的过程。两者侧重点不同却又紧密相连，共同推动人的思想和德育实践不断向社会要求的方向发展。

内化就是在德育过程中，教育者把一定社会发展所要求的原则、品德、规范传授给教育对象，教育对象则以自己原有的认知结构为基础，在各种因素的交叉作用下，通过自觉选择，主动地消化和吸收这些原则、品德及规范，将其纳入自己的意识体系，成为自己的道德认识的过程。德育的内化过程可以分为盲从阶段、认同阶段和信奉阶段三个层次。内化的关键是要把外在的社会原则及规范自愿、真正转化为个体自身的意识体系，作为行为的准则与依据。内化强调的是教育对象的自觉主动性，在内化的过程中，要特别注重教育对象原有的知识结构，如果教育者所施加的教育影响和教育对象本身原有的思想认识状况一致，那么所传授的教育内容就不会和教育对象的认知结构发生冲突，教育对象会主动、自觉地认同接纳教育者所传授的思想道德规范，并逐渐发展成为自己内心的信念。从教育对象内化的心理活动角度，内化的要素包括知、情、信、意四个方面。要使教育对象完整、准确、深刻地内化德育内容，就必须为其内化创造良好的内部条件和外部条件。其中，内部条件是指从教育对象的角度出发，要求教育者充分挖掘教育对象本身所具有的潜力，充分调动其主观能动性，通过发挥教育对象自身的潜能来实现内化。因此，要引导教育对象实现内化，首先必须弄清教育对象内心有没有要求内化的需要。其次，德育活动是一个主客体双向互动的过程，缺少了教育者和教育对象任何一方，这个活动都将无法展开。而教育对象的基本条件则是完成此项活动的必备要素。教育对象的基本条件包括其遗传素质、经验阅历和思想道德文化素质。最后，内化的内部条件还牵涉教育对象正在接受道德教育时的精神状态和心理状态。在强调内因的同时也不能忽视外因。德育的外部条件，主要是指除教育对象自身之外的包括社会政治、经济、文化等在内的宏观社会环境和教育者作为传道授业解惑者所要具备的素质。实现内化要从发挥教育者的影响作用以及选择合适的教育方式方面着手。

外化就是教育对象将在内化阶段形成的社会发展所要求的个人意识转化为具体的行为态度，在遇到相关刺激时，在相关动机的驱动下做出相应行为并养成习惯的过程。外化可以划分为明确问题阶段、选择合适的行为方式阶段和实践并养成习惯三个阶段。这一过程需要在实践活动中才能完成，受到教育对象内化形成的知识结构和主观能动性的制约，外化必定是行为。外化是德育的目的所在，也是检验某一阶段德育过程是否完成并取得预期目标的关键标准。外化的条件也包括内部条件和外部条件。内部条件就是指教育对象已有的思想体系对行为动机的评判作用和对行为方式的选择作用。而外部条件则主要有：第一，一定的思想意识要外化应合时宜，具备可以外化的时间、地点和方式。第二，社会舆论。如果教育对象要实施的外化在社会上“孤掌难鸣”，甚至遭人讥讽，那么即便这种外化是正确的，也很难实现。第三，教育对象的社会角色。教育对象在社会中都会承担某种社会角色，在角色的扮演过程中都会按照角色要求的规范去活动。角色要求的规范就是一种无形的外部条件，制约着教育对象按照角色要求去实施外化，这就好比我们常说的“在其位，谋其政”一样，处在一个什么样的位置就要做出什么样的表率。当然，社会角色扮演在外化中作用的发挥，除了依靠群众监督外，还要看个人的内心信念。外化作为一种行为表现，其实现途径主要是通过实践活动协调教育对象心理发展、强化行为训练，以及发挥教育者的主导作用。

三、高校德育原则的构成

面对我国高校德育现状，高校德育原则应由教育原则及德育方法，照应德育的内容体系、实施体系与评价体系三个组成部分，即德育的原则体系由方向性与现实性、整体性与连贯性、知行统一三个原则构成。

（一）方向性与现实性原则

德育工作中必须遵循的第一准则是由社会主义的性质和任务决定的，因此要坚持社会主义方向，抵制各种错误思潮的侵蚀和干扰。作为社会主义高校德育的根本原则，它要求高校德育必须坚持四项基本原则，把坚定正确的政治方向放在首位，培养大学生形成科学世界观、人生观和价值观。我们要建设社会主义精神文明，培养社会主义建设人才，必须坚持方向性原则。因此，德育内容的实施和选择应全面贯彻党和国家的教育方针，必须坚持正确的政治导向。方向性原则也是德育区别于其他教育的明显标志之一。

在坚持德育的方向性原则，以共产主义思想体系教育大学生的同时，还要坚持德育的现实性原则，从社会主义现阶段的实际出发，以现阶段党的路线、方针、政策教育大学生，以保证高校德育的实效性。随着国内外社会政治经济形势的发展变化，高校不再是与世隔绝的象牙塔，只有不回避矛盾，把现实社会生活中的疑难热点问题与大学生思想认识相结合，运用马克思主义的观念和理论分析解决问题，为大学生做出有说服力的解释和回答，才能从根本上解决大学生的思想认识问题，增强德育的实效性。高校要根据当代大学生出现的人生观、价值观的形成特点，进行实际有效的德育。要在德育工作中从文明行为习惯、遵纪守法等思想品德的基础教育抓起，引导大学生树立科学、正确的理想和价值观念，并为实现远大理想而进行不懈的努力。这就要求进行思想教育、党的大方向教育、坚持四项基本原则的教育、国情教育、主人翁使命感教育等，应结合全球化背景与我国社会转型期的新形势中遇到的具体问题，注重向他们灌输一定的哲学思想，以此来提高辨别事物的能力，让他们可以用联系的、发展的、全面的观点认识问题。

（二）整体性与连贯性原则

整体性原则是就横向的高校德育的空间环境而言的，即高校德育应以德育目标为依据，以社会、高校和家庭各方面为主要的教育力量，合力共同教育好大学生；而连贯性原则是从纵向的高校德育的时间范围而言的，是指各方面的教育者要根据大学生身心发展的需要，按照教育方针和培养目标，提出系统一致、前后衔接、从易到难、由简到繁的教育要求，步调一致地、有计划地、持续地对大学生进行教育，以便逐步帮助他们形成正确的道德观点、信念、情感、意志和行为习惯。

从整体构思入手，建立全方位德育格局，形成全员德育意识，才能形成有效的德育环境。高校德育工作由教育者、受教育者、环境和媒介等组成，应发挥高校各方面的积极性和各种渠道与环节的德育功能，协调一致地共同完成育人职责。通常讲，在大学生德育培养的过程中高校占主导地位。教育者包含高校、“两课”及其他专业课教师、辅导员等；受教育者就是在校大学生；德育环境包含课堂、图书馆、大学生宿舍及社会实践基地等；媒介包含家庭、校园文化、社会风气、网络资源等。因此，高校的团队组织、领导、班主任等一切员工要在德育的步骤和要求上保持统一，全员树立育人的意识，积极践行管理育人、教育育人、服务育人的理念。

所以需要高校、家庭、社会积极合作与支持，真正提高高校德育工作的实效性。当前，高校德育最直接、最具体、最具影响力的外部环境就是高校所驻社区。因为社区里拥有着丰富的德育资源，能够给高校德育提供必要的、有益的支持，同时它也是高校德育工作的根据地。社区为大学生提供了解社会、服务社会、适合社会生活的能力以及最直接、最便捷的空间；同时在德育学习中，社区内的先进分子、具有专业特长的居民以及知名人士等人力资源都可以被充分利用起来。

我们要坚持由表及里、由浅入深的持续连贯原则。即从心理的、行为的浅层面入手，最终达到解决思想体系和世界观的深层面问题的目的。由于大学生存在个体差异，教育内容深浅与德育理论不一，德育对象的心理因素、性格特征、环境影响和受教育程度及自我要求等方面也显著不同，在强调整体性原则的基础上，还要针对不同的大学生在不同的阶段提出不同的要求，一切从实际出发，坚持连贯性原则，然后进行有针对性的教育，以此来确保全面推进德育目标得以实现。高校德育的要求和内容，由低到高可分为马克思主义的基本原理、日常行为规范、道德品质和心理素质等多个层次。高校德育对象的思想变化主要体现为一年级转轨适应阶段，二、三年级发展提高阶段，四年级成型毕业阶段三个阶段。因此，必须依据这一状况，确定不同阶段的高校德育目标和要求。大学生品德的情感培养、提高认识、磨练意志、训练行为和养成习惯等环节上具有不同的要求和特点，因而，大学生品德塑造是一个循环发展的过程，应该区别对待，重点把握在多角度实施德育的过程中保持连贯性。

（三）知行统一原则

完成个体社会化的任务，同时使受教育者的行为规范化，是高校德育的最终目标。德行是认知的目的，认知是德行的准备。只重视大学生的道德理论，忽视大学生的道德行为是不对的，只有大学生的内心和行为一致，才能完成道德知行统一的过程。所以，我们既要重视提高大学生的认识水平，同时也要关注大学生的行为。要注意将大学生对道德问题、思想的认识与指导品德践行原则相结合。要指导大学生学习相关政治理论和道德伦理理论，要求大学生用其来指导自身的行为，并且通过实践逐渐加深对这些思想和道德准则的理解，使得认知、体验、践行相结合，做到表里一致、言行一致、情行统一。特别强调的是，教育者一定要起到表率作用，时刻将自身言教和身教结合起来。

在道德认知阶段，高校德育的作用是解决大学生道德思想模糊和矛盾性。由于高校大学生对道德原则、立场观点、道德规范的认知的主渠道就是“两课”，而“两课”的课时又确实有限，因此，“两课”之外的更多课堂及课余学习，都可以作为德育渗透的有利时机。如：积极发掘科学知识传授过程中的德育因素，利用、启发、感染大学生等。在道德情感阶段，高校大学生已有更多机会在贯彻实践道德知识原则的过程中反复体验着各种道德情感的变化，从而使道德内化过程变得更为深刻与迅速。在道德意向的阶段，大学生已处于“准成人”阶段，独立的意向和需求迅速发展并逐渐成熟，他们在很大程度上渴望得到成人社会的尊重和认可，从而时时刻刻以成人自居并且以成人的标准来规范自己。“行”本身是实际的道德。因此，在道德的行动阶段，高校大学生能够认同“行”比“知”“意”“情”更为重要。因此，我们在传授大学生不同思想的道德行为方式时，更要营造气氛、创造时机，引导大学生进行自我教育、自我鞭策，促使大学生实践道德行动，全面提升个人素质。

第五节　高校德育主体论

一、高校德育主体概述

（一）高校德育主体的内涵

随着人类实践能力的提高和活动范围的扩大，主体的外延也在丰富和完善。主体不仅包括个体主体，还有群体主体、社会主体和人类主体。从这个意义上讲，“主体，即社会”。而两个或两个以上主体的关系，就是主体间或主体际。

高校德育主体是人的主体性在高校德育活动中的具体化，高校德育主体的主体性和人的主体性是特殊和一般、个性和共性的关系。高校德育作为教育的重要组成部分，也是具有一定独立性的活动主体。因此，高校德育的主体构成得以明确，即高校德育的教育者、受教育者和活动主体，而高校德育的主体性是由高校教育者的主体性、受教育者的主体性和高校德育活动的主体性有机构成的复杂整体。

高校德育主体的内涵包括下面几层含义。第一，高校德育主体是处于一定德育实践活动中的人，这说明德育主体是现实的、具体的人，这凸显了高校德育主体的社会性和实践性本质。第二，高校德育主体以德育活动为中介客体，这表明高校德育主体是存在于一定关系中的主体：德育主体（教育者）—德育活动（客体）—德育主体（受教育者）。处于一定德育实践活动中的德育主体具有两种本质性的关系：高校德育主体（教育者和受教育者）与德育客体之间的对象性关系，这是一种认识与被认识、改造与被改造的关系，体现的是“人改造自然”的活动；高校德育的教育者与受教育者之间的交往关系，是平等、协作、共存、共赢的关系，体现的是“人改造人”的活动。第三，高校德育主体是以主体性的充分发挥和生活世界的不断完善为目的的人，这说明德育的终极目的是要达到受教育者的德行、思想品德和思想政治素质的提高。

（二）高校德育主体的基本特征

1. 高校德育主体的自主性特征

自主性具有两个尺度，第一个尺度描述个体的客观状况、生活环境，是指相对于外部强迫和外部控制的独立、自由、自决和自主支配生活的权利与可能。第二个尺度是对主观现实而言，是指能够合理地利用自己的选择权利，有明确目标、坚韧不拔和有进取心。自主的人能够认识并且善于确定自己的目标，不仅能够成功地控制外部环境，而且能够控制自己的冲动。高校德育主体的自主性就是指高校德育主体能够依据自己的意志决策、行动、选择和评价。自主性使教育者能够在德育实践活动中依据客观实际和受教育者的需要，有计划、有目的地合理安排德育内容，确定德育目标，选择德育方法等。

2. 高校德育主体的能动性特征

所谓能动性，是指主体在自我发展的对象性的活动中，能战胜自己的消极、被动，积极、主动、自觉地认识和改造客体的实践。人的能动性体现在实践活动中，就是使实践活动具有一定的计划、良好的程序和明确的目的。高校德育主体的能动性就是指教育者和受教育者作为主体能够在德育实践活动中，自觉地意识到自身的主体身份和自觉地发挥认识和改造客观世界能力的属性，既包括高校德育主体对德育活动的适应，也包括对德育活动的选择。德育主体的能动性发挥程度对德育活动的效果有重要影响，但也要注意高校德育主体的能动性发挥是在尊重德育活动客观规律的基础上的。

3. 高校德育主体的创造性特征

创造性是人的主体性的最高表现，不仅包括对客观事物的发展和完善，也包括对主体自身的发展和完善，实现自我超越。高校德育主体的创造性特征是其主体性的核心构成要素，是德育主体之所以为主体的本质体现。在德育实践活动中，高校德育主体的活动会受到活动客体及德育规律的制约、限制，但总是会创造条件，改变环境，超越既有的现实去创造新的生活。高校德育主体就是通过不断地创造新的生活世界，才使自己的主体地位得到保证和巩固，使主体性得到充分发挥。

4．高校德育主体的交往性特征

交往是在一定历史条件下，现实的个人、社会集团、民族、国家之间以一定的手段为媒介的、互为主体和客体的相互往来、相互作用、相互联系的物质和精神交流活动。我们可以从两个维度来理解交往的这一概念：一个是横向维度，它反映了主体和主体之间的社会联系；另一个是纵向维度，它反映了主体间的这种联系是在主体与客体的社会实践活动中形成和发展的。就是说，交往范畴不仅仅表明主体与主体的关系，也不单单表明主体与客体的关系，而且是主体之间与主客体之间关系的统一。高校德育主体的交往是教育交往，教育者和受教育者是“我”与“你”的平等关系，受教育者置身于德育活动中，为自身的发展而学习，知识只是手段，目的是获得生命质量的提升，生命内涵的领悟。

二、高校德育主体发展的时代挑战与诉求

（一）高校德育主体发展的时代挑战

当前高校德育主体的发展并未如人们所希望的主体性充分发展，德行不断完善。从某种程度上讲，高校德育主体依然处于传统德育主客二分的固化模式下，这种模式的弊端使德育主体在崭新的历史条件下面临前所未有的挑战。其表现为：由于德育与时代的紧张关系，德育被边缘化；由于德育与人的紧张关系，人们对德育普遍逆反；由于德育自身文化内涵的贫乏，德育力量薄弱。因此，分析和反思高校德育主体论的现代挑战是解决问题的前提。

（二）高校德育主体发展的时代诉求

为了有效应对高校德育主体的“物化”倾向、片面发展和人文价值缺失问题，当今时代高校德育主体发展要践行以人为本的德育理念，倡导主体间的交往和回归生活世界。

1. 践行以人为本的德育理念

高校德育要坚持“以人为本”的德育理念，就是要以受教育者为本。德育作为主要关注大学生思想、政治、道德素质的全面提升和塑造的专门的教育领域，其教育成效的体现就是大学生人格的全面提升与素质的全面完善。而其教育成效取得的关键则在于德育本身的人本发展，也即坚持以大学生为本，充分尊重大学生的主体地位，充分发挥大学生的自觉能动性和内在潜能，以大学生的实际为教育的出发点，以大学生的全面发展为教育的根本目的。高校德育要坚持一切为了大学生、为了大学生的一切、为了一切大学生的原则，站在立德树人的高度，满足大学生精神发展的需要，做到因材施教，有的放矢地正面引导，达到共性和个性的协调发展。

2. 倡导主体间的交往

交往是社会生活的开端，也是社会生活的基本内容，交往是人的生存方式。这意味着，在社会中，任何一个个体都不是单一、孤立、抽象的存在，而是在与周围的人及环境的相互作用中存在和发展的。社会是人们交互作用的产物，一个人的发展取决于和他直接或间接进行交往的其他一切人的发展。而当今时代的科技发展和网络的普及使全球性的普遍交往成为现实。高校德育走向交往，是德育在交往时代做出的必然选择和理论自觉。

高校德育作为教育交往的一种形式，实质上是对传统德育灌输式的否定，它是公共主体教育，消除了自我中心意识，而生成交互主体性。教育交往是一种精神交往，语言是交往的手段。因此，教育交往的过程就是诉诸对话，通过理解而实现精神世界的共享。交往的教育过程包括对话、理解和共享三个阶段。前者是后者的基础，后者是前者的结果。对话是两个以上平等主体的语言交流活动，在于把握意义世界，关注人的精神存在。对话是师生在意义层面对政治、思想、道德等方面用语言架构的沟通桥梁，从各自的前理解结构出发而达成的视界融合。通过道德对话、交谈、讨论，主体间达到对意义世界的理解。

高校德育师生关系的和谐是德育发展的推动力。师生关系本身就是人与人关系在教育领域中的体现，更是教师和大学生作为人而存在和发展的独特方式，具有无可比拟的教育力量。师生关系的展开和师生交往过程，是大学生获得人际体验技能和终生交往品质的重要源泉，也是大学生建立价值系统的现实基础。而大学生能与教师平等交往，意味着彼此承认双方的主体地位，双方人格平等，没有被压迫者、被控制者。师生各自以本源性的真诚交往着，德育获得来自生命深处的力量，因此而充满活力与生命感动。在交往中，大学生得到的是自由、民主、尊重、信任、同情、理解、宽容，同时受到激励、鼓励、指导、建议和忠告，形成积极的人生态度与情感体验，受到精神的教育。

3. 回归生活世界

德育源于生活、内在于生活。德育的存在是为了生活中人的需要，尤其是人的精神需要。德育是对生活的提升，其目的是引导人过美好的生活。德育回归生活世界不是说离开生活的德育重新回到生活，而是高于生活的德育回到生活。德育回到生活，是为了生活向更好的方向发展。德育从生活出发，在生活中进行，但并不意味着德育等同于生活、消融于生活。

三、高校德育主体互动模式构建

高校德育活动，是教育者、受教育者能动地自主建构思想道德的对象性活动；是在教育者的启发、引导、指导与受教育者的认知、体验、践行之间的互动；是教师的价值引导与大学生自我教育相统一的活动；是教育者与受教育者的相互教育与自我教育、教学相长、德行共进的活动。

基于此，高校德育主体互动模式构建旨在充分发挥高校德育主体的主体性，即教育者是价值引导主体，受教育者是自主建构主体，在他教与自教基础上建立高校德育学习共同体。教育者的主导作用和受教育者的主体作用是辩证统一的关系，教育者的主导作用体现在教育的意志保证着教育的方向；受教育者的主体作用决定着受教育者思想的变化，影响着教育的最终效果。

（一）高校德育者是价值引导主体

所谓教育者，从广义上讲，凡是有意识地形成或改善他人思想品德的主体都是教育者，包括教师、家长、亲友和其他社会成员。就高校教育而言，全体教师都是教育者，都是德育主体。教育者主体是高校德育最活跃、最重要的因素，在教书育人的德育活动中履行立德树人的职责。教育者是德育活动的价值引导者，“引导”的特点是含而不露、指而不明、开而不达、引而不发。所谓“价值引导”就意味着德育是有方向和目标的，德育方向和目标凝聚着我国对理想社会和理想人生的追求；教师对大学生的成长负有道义上的责任，教师在高校里肩负着帮助大学生增加他们的自我价值感和追求成功的责任；大学生是有自由意志和人格尊严的、具体的、现实的个体，尊重大学生的自由意志和独立人格不仅是德育的条件，而且是教育本身的内在规定性。总之，教育者是社会主流价值传播主体、高校德育活动的组织主体、大学生价值建构的促进主体，更是自我价值的实现主体。教师职业是社会价值、利他价值和自我价值的统一。从这个角度来理解高校德育的教育者主体，可从以下几个方面来认识。

1. 教育者是社会主流价值的传播主体

教育者是社会主流价值的传播主体，体现的是其社会价值。高校德育的教育者是党和国家的代言人，是社会主流价值的倡导者和推广者，负责引导受教育者的思想、道德和政治方向。

作为社会主流价值的传播主体，就要从两个方面充分体现，即全面落实和谐社会思想和社会主义核心价值体系。和谐社会思想注重激发社会活力，促进社会公平和正义。构建和谐社会要坚持“以人为本”的核心价值，不断推进社会主义物质文明、精神文明、政治文明和社会文明的发展，才能最终建立民主法治、公平正义、诚信友爱、充满活力、安定有序、人与自然和谐相处的社会。而落实社会主义核心价值体系则是要坚持马克思主义的一元主导地位，以培养青年马克思主义者和马克思主义的拥护者和实践者；理想信念要坚定中国特色社会主义的共同理想，并与中国国情紧密结合，用不懈的努力拼搏将其实现；高校德育还要秉承爱国主义传统，从中华民族最深层的精神追求和行为准则出发，培养受教育者的民族自豪感和责任感；改革创新是推动中国特色社会主义事业的发展动力。高校德育要引导受教育者以社会主义荣辱观作为自己的道德指南，将其由外化的道德规范内化为自己的自觉道德追求，由他律走向自律，成长为社会主义合格公民。

2. 教育者是高校德育活动的组织主体

教育者根据社会要求以及受教育者的思想道德状况和身心发展变化特点，确定教育目的，制订德育计划，选择德育内容，优化德育环境，运用一定的德育途径和方法，对受教育者进行有目的、有计划、有组织的教育影响，并进行德育活动过程的调节和引导。

教育者是高校德育活动的组织主体，其表现为：

一是全面贯彻德育目的。德育目的是德育活动的出发点和归宿，规定着德育的方向和结果。因为德育体现的是国家、社会对青年一代的期望和要求，德育目的的实质和内容，是培养成为一个合格公民所必须具备的思想道德素质和法律素质。全面贯彻德育目的就是发挥德育目的在德育活动中的指导作用，以利于确定德育内容、优化德育环境、选择德育方法和科学评价德育质量。

二是丰富拓展德育内容。德育内容是为实现德育目的而选择的德育材料，使抽象的德育目的具体化为受教育者可接受的德育活动过程。德育内容的选择、确立就是教育者主体性的体现。现今，德育内容强调与现代社会、科技发展与大学生生活的联系，不再只是教科书，而是包含教科书在内的一切对德育活动有用的物质和人力。丰富和拓展德育内容就是要以理性、包容和开发的心态汲取古今中外的文明成果为德育活动所用；针对不同的德育目的要拓展与之相应的德育内容，以提升德育内容的针对性和有效性；德育内容要突出个性，从实际出发，发挥地域优势，强化高校特色，展示教育者风格。

三是选择、优化高校德育环境。高校德育环境是影响德育活动和教育者、受教育者思想和行为因素的总称。环境是由人来改变的，环境的改变和人的活动的一致，只能被看作并合理地理解为变革的实践。选择、优化德育环境要体现科学性，既要遵循德育的本质规律，也要符合受教育者的身心特点；选择、优化高校德育环境还要体现受教育者的创造性，一方面受教育者的活动空间总是超出人工德育环境所能影响的德育范围，教育者必须面对新的意料之外的德育因素，根据实际情况做出动态调节，使德育环境不断更新和优化；另一方面教育者还必须与社会上其他德育主体保持协调一致的关系，对随机性德育因素做出总体统一的调控，为社会德育环境优化积聚教育合力。

四是创新高校德育方式、手段。德育方法是连接教育者和受教育者的桥梁和纽带，是完成德育任务、实现德育目的的中介。教育者要在与德育方法的对象性关系中发挥主体性，就要随着德育内容和受教育者的变化，选择行之有效的德育方法。高校德育方式、手段要向其他领域延伸，要面向世界、面向未来，更要面向人的心理。高校德育方式、手段要现代化，但不能全部简单搬用，要根据实际情况做出选择、调整。

3. 教育者是受教育者价值建构的促进主体

主体性虽然是人所特有，但并非每个人都能意识到自己的主体性，人的主体意识和主体能力是人的主体性发展的前提条件。受教育者对自身的发展潜能要有足够准确的认识，对自身改变外部世界的能力也要有准确评估。教育者在促使受教育者的主体意识觉醒、主体能力提升和把握主体性发展方向方面起到了重要作用。

第一，促进受教育者主体意识的觉醒。所谓主体意识，就是对自身的主体地位、主体能力和主体价值的一种自觉意识。人的主体意识的发展有一个从自发到自觉的过程。一方面，教育者在德育过程中把受教育者的创造力量诱发出来，将受教育者的生命感、价值感“唤醒”，使受教育者的主体意识得到进一步确证。另一方面，教育者使受教育者认识到每个人都是独一无二的。只有当大学生的主体性醒悟，才能找到自己的安身立命之所，才能成为自己真正的主人，从而最终实现主体的全面自由的发展。

第二，促进受教育者主体能力的提高。主体能力是受教育者在社会实践中形成，并在主体与客体的对象性关系中表现出来的力量，包含着“人本身的自然力”“经验知识力”和“情感意志力”等多种因素。主体能力是个体在成长过程中，学习社会历史文化成果发展而来的。其中“经验知识力”是教育者间接传授的，它们一旦为受教育者所掌握并进入认识和实践活动领域，就会转化为真实的主体能力，也许会成为主体对客体进行社会实践的理论支撑，也许会成为带领主体去探索世界的起点。主体能力就是主体对世界、自己以及二者关系的认识和把握程度。

第三，对受教育者主体性发展方向的规划。教育者作为真、善、美的化身，将把受教育者的主体性发展方向引至有益于社会、家庭和个体的健康良性的发展轨道。人的主体性的发挥是有条件和受制约的，人正是在对这些条件和限制的超越中显示主体性的特殊意义。人类社会生产力的高度发展无不凝聚着人类主体性的充分发挥，而这又是每一个主体积极、健康主体性发挥的结果。

教育者对受教育者的主体性发展方向起着制约和定向作用。教育者在进行德育活动之前，在头脑中必然存在对德育活动结果的某种预想或假定，但要遵循社会发展和个体发展相统一的客观规律。德育活动是教育者把人的发展中所蕴含的某种符合教育的内容融进受教育者主体的现实发展中，加速其自然的发展进程，进而内化为受教育者的思想道德素质。

德育过程中受教育者的主体性发展是在教育者有目的地参与和干预中发生的，因而人们可以按照预想的目标来确定受教育者的发展方向，从而使受教育者具有创造精神和健康个性，同时，矫正其不良品德和行为，抑制其向消极和不健康的方面发展。

4. 教育者是自我价值的实现主体

教育者传播社会主流价值、组织高校德育活动、促进受教育者主体性发展本身就是其自我价值的实现，是社会价值和个体价值的完美统一。教育者把自己作为价值主体进行自我发展、自我超越，就是其主体性发挥的内在动力源泉。教育者要永远保持积极进取精神，拓宽知识领域、优化知识结构，不断学习现代科学技术知识，并使之指导教学实践。教育者还要提高自身修养和素质，与时俱进地掌握思想、政治、道德、法纪和心理等方面内容，胜任时代对教育者的期待。教育者良好的性格、个性等作为无形的教育资源对受教育者将产生潜移默化的积极影响，而个性作为教育者思想言行、感情意志、道德品质等综合素质的体现，是教育者长期修为的结果。所以，教师不仅是职业，更是需要每个从教者用心经营的事业。

（二）高校德育受教育者是自我教育主体

如果说高校德育的教育者主体性体现为对受教育者主体性发展的引导，体现为让受教育者参与教育活动，促成受教育者主动、独立、有创造性地发展自己，那么高校德育的受教育者主体性则体现为自我教育。自我教育是教育的最高境界和最后目的，是受教育者主体能动性的集中表现，是主体成熟的重要标志。

其实，人的主体性具有两个向度，即主体性的外向度和内向度。主体性的外向度是指主体与客观世界的关系，认识和改造客观世界为人的目的服务的过程。主体性的内向度是指人进一步把自身作为认识和改造的客体，内在地指向自身，不断地回到自身，是一个反身建构自己的主体意识，提高自身主体能力的过程，是一个改造主观世界的过程，即自我教育。高校受教育者的自我教育既是主体理论发展的必然归宿，也是高校受教育者的主动要求，更是高校教育的题中之义。

教育这个概念在广义上就是对集体的教育与对个人的教育的统一，而在对个人的教育中，自我教育则是起主导作用的方法之一。只有能够激发大学生去进行自我教育的教育，才是真正的教育。伴随着年龄的增长、社会经验的丰富、学识的广博，人的自我认识越来越深刻，进而能够引导自己不断自我完善，这样才能紧随时代的步伐，塑造一个崭新的自我。这就是人的自我教育和自我完善。而高校德育应引导大学生努力做到自我教育，活到老，学到老。

自主学习是大学生主动地学，表现为学习过程中的自立、自为、自律。大学生在自主学习过程中能培养收集和处理信息的能力，提高分析问题和解决问题的能力。独立应对生活中的道德困境和价值冲突指的是大学生能以乐观的心态、健康的人格面对利益交织、价值多元的社会，经过认真负责地思考和分析，最终做出的自我价值和社会主流价值相统一的决策。自我建构、自我反省能力则是审视自身，发现优点和缺点，并能主动查找原因，进而扬长补短，不断否定旧我、创造新我的过程，从而促进人的精神生命的不断发展和完善。

（三）建立学习共同体

学习共同体建立在高校德育的教育者主体和受教育者主体充分发挥的基础上，即他教与自教相结合。学习共同体旨在继承主体性德育和主体间性德育的长处，而积极扬弃其缺点和不足。学习共同体是在更广阔的类主体视域下建立的，对个人而言，主体性意味着个人对权利、尊严、独立人格的维护，对自主性、能动性、自律性、进取性、选择性、实践性、创造性的执着和坚持；意味着摆脱依附性，走向独立性和自主性；摆脱被动、受动性，确立主动、能动性；超越传承、重复性，走向创造性。对于社会而言，主体性意味着社会成员为了共同的目标，团结一致、群策群力。对于人类而言，主体性意味着建立在个人全面发展和他们共同的社会生产能力成为他们的社会财富这一基础上的自由个性的生成，意味着人类由必然王国走向自由王国，获得彻底解放。

学习共同体是由高校德育活动中多个主体有机结合而形成的，它与传统意义上的集体一样，有明确的奋斗目标、健全的组织系统、严格的规章制度与纪律、正确的舆论和优良的作风与传统。不同之处在于集体具有实体化人格，集体利益绝对高于个体利益，个体利益必须无条件地服从集体利益。而在学习共同体中，主体是独立的，自身有独立的意义和价值，共同体的利益和价值就体现在一切主体的利益和价值之中，主体利益和价值的发展与实现是这种共同体的最高利益和价值。在高校德育的有限环境中，教育者和受教育者组成的学习共同体是构筑个体主体性和群体主体性甚至各类主体性协调统一的平台。

首先，学习共同体的生机和活力来自每个主体的个性的充分发挥，在一个先进的共同体里，主体的活动总是“和而不同”，既有益于大局又不拘一格。因此，学习共同体是既有秩序又充满创造性的。一方面，学习共同体的各种活动中，每个主体通过自己的经历和感受，都会积累共同生活的经验，掌握丰富的道德规范和与人相处的学问与技巧，促进个体主体社会化；另一方面，每个主体都能找到适合于自己的活动、工作和角色，不断发展自己的志趣和爱好，更加个性化。其次，学习共同体良好人际关系的建立将产生德育社会化的“晕效应”。“晕效应”是指在存在交往关系的两个人之间，其中一个人的思想情绪的变化，会直接影响到另一个人的思想情绪的变化。观察“晕效应”要把握重点人物：一个是具有广泛交际网络的对象，辐射圈是最大的；另一个是边缘人物，由于交际关系少，“晕效应”很难辐射到他们身上。师师、生生的水平交往和师生的垂直交往搭建人格平等、大学生主动参与的交往网络，尤其是网络环境下的匿名交往，心灵的沟通是主旋律。再次，学习共同体营造合作化的德育学习与生活环境。共同体通过人人参与、平等对话、真诚沟通、彼此信赖来发展合作精神，激发道德勇气，共享经验知识，实现主体际的休戚相关、荣辱与共，利人利己。最后，学习共同体有助于培养主体际的自我学习能力。学习共同体作为激发创造的舞台，主体融入其中，也将不断地进行自我否定和自我创新，以期为学习共同体的发展贡献自己的力量。自我学习是为了完善今天的自己，以应对未来的挑战。

第三章　中华优秀传统文化与高校德育工作相融合的理论基础

第一节　中华传统文化与德育相融合的必要性

一、德育自身发展的内在要求

近代以来，中国人民经过长期的努力探索，找到了正确的指导方向作为自己的指导思想。我国德育事业要想更好发展，必须坚持正确的指导方向。虽然正确的指导方向已经超越了民族与地域的限制而成为“放之四海而皆准”的真理，但是，它不可能直接为中国的革命和建设事业提供具体的路线、方针和政策。经过数千年的发展，中华民族有着辉煌的文化创造和深厚的历史积淀，并且形成了历经数千年的绵延发展而从未中断过的中华传统文化，其影响力体现在广大中国民众日常的行为方式、思维模式、道德规范，以及价值取向等之中。因此，我国德育应该而且必须尊重中华民族历经数千年延传下来的文化传统、行为方式、思维习惯，以及价值取向等，批判地继承、吸收并融合具有鲜明民族特色的中华传统文化。只有这样，才能引导德育向着正确的、真正中国化的方向前进，我国的德育事业也才能在正确的指导方向基本原理和基本方法的指导下，得到进一步的创新发展。

在我国，德育作为一种教育实践活动，其根本目的是提高人的思想道德素质，促进人的全面自由以及自主发展。人的全面自由发展，自然而然地包含了文化素质的要求，因此，德育离不开对文化的关注。然而，从我国德育的整体发展过程来看，当代的德育基本上忽视了其文化性，从而导致德育资源的单一化和教育形式的呆板化。德育本应具有的文化含量的丰富性与不断提升性，在有意无意中常常被忽略，其结果便是本可生动活泼的德育读物有时成为政策、文件、语录的简单汇编与转述，本可情趣盎然、文采飞扬的德育有时成为枯燥空洞的政治说教与道德说教。这种文化性的缺失，不仅使德育资源日趋有限，也削弱了德育的育人功能，进而阻碍了德育的进一步发展。中华传统文化作为一种崇德型文化，在长期的历史发展过程中汇总形成了“文化化人”和“文化育德”的优良传统，使其自然而然地成为德育重要资源的来源之一。因此，我国的德育工作要进一步发展创新，就必须重视其文化性，必须从中华传统文化中有选择地汲取更加丰富的教育资源。换言之，中华传统文化与德育相融合，是德育工作自身发展创新的内在要求。

二、“文化自觉”与“文化自信”的要求

所谓“文化自觉”，是指生活在一定文化中的人对其文化有自知之明，明白它的来历、形成过程、所具有的特色和发展的趋向，不带任何文化回归的意思，不是要复旧，同时，也不主张全盘西化或全盘他化。换言之，即是文化的自我觉醒、自我反省、自我创建。所谓“文化自信”，则是指一个国家、一个民族、一个政党对其自身文化传统和内在价值的充分肯定，对其自身文化生命力的坚定信念。

世界上任何民族的传统文化都有其积极的方面，同样，也有其消极的方面。一个民族的文化能否实现自觉和自信，很大程度上取决于对传统文化扬弃的客观与科学态度。可以说，对传统文化的理性批判、合理继承、勇于创新，正是“文化自觉”的本质要求。也就是说，一个民族能否对其自身的传统文化进行客观的评价和认识，关系着一个民族“文化自觉”的实现与否。中华传统文化是勤劳善良的中国人民在长达五千年的中国社会发展中创造出来且从未间断过的，这在世界文化上是独一无二的。它不仅标志着中华民族对人类文明和历史的卓越贡献，也是中华民族区别于世界上任何其他民族的鲜明文化身份和基本族群特征。只

有认识、理解、接受并内化中华传统文化，我们才能理解自己民族身后的历史底蕴，也才能知晓我们是从哪里来的，并对我们现在的生活和未来的美好图景进行规划。

反之，如果失去对中华传统文化的认同与理解，我们必定会失去对自己民族文化身份的认同和归属感，进而导致我们思想文化上的无家可归。因此，对数千年来世代延传下来的中华传统文化能否进行客观的评价、认识和科学合理的扬弃，关系着中华民族“文化自觉”的真正实现与否。那种轻率地对中华传统文化全盘否定或异化的态度与做法，无异于对我们自身文化血脉的莽撞割裂，很容易造成中华民族的文化断层或文化“无根”现象的产生。当前，我国德育工作的重要任务之一就应该是，在正确的方针指导下，按照“取其精华，去其糟粕”的原则，充分肯定中华传统文化的内在价值，坚定中华传统文化的自信心，努力挖掘中华传统文化的当代价值，不断包容借鉴其他外来文化中的优秀精华，并将其吸收内化，使中华传统文化和现代德育优化整合，从而实现中华传统文化的现代转化和创新发展，进而真正实现“文化自觉”与“文化自信”。

三、形成和发挥文化软实力的基本保证

文化软实力是指一个民族、国家或地区的文化影响力、凝聚力和感召力，是国家软实力的核心因素。这是因为，文化作为一个国家的灵魂或血脉，凝聚着这个民族对世界和生命的历史认知和现实感受，积淀着其最深层的精神追求和行为准则，并承载着整个民族自我认同的核心价值取向。就一个民族或国家自身的发展来说，文化软实力主要表现为一种精神上的整合力，它有利于国家凝聚力的形成和民族性格的养成，有利于促进民族团结、国家统一、政权巩固和文化自信。一个国家如果对本民族或本国的传统文化缺乏自信，忽视自身文化软实力的开发和建设，那么，就等于放弃了本民族或本国的文化主权，其结果自然会导致本民族或本国人民价值取向的混乱，以及精神家园的丧失，甚至民族的

离散和国家的分裂。因此，作为一个由56个民族组成的统一的多民族国家，加强对五千年来绵延发展而从未中断过的中华传统文化软实力的开发和建设，充分发挥其对全国各族人民的思想教育和价值引导作用，就显得尤为重要。

中华传统文化和世界上其他民族的传统文化一样，根植于民族的土壤中，从总体上反映和代表着一个民族或社会的思维方式、价值观念、伦理道德，体现在人们的生活方式、风俗习惯、心理特征上，内化、积淀、渗透于每一代社会成员的心灵深处，往往凝聚为民族特有的国民性格和社会心理。作为一种注重道德教化的伦理型文化，中华传统文化自身就具有显而易见的能动的德育功能，而我国德育本身所具有的文化属性和民族属性，也使其无法离开五千年来中华传统文化留下来的精华。因此，中华传统文化软实力要最终实现其对外的亲和力、渗透力，以及对内的凝聚力和塑造力，则必须通过思想教育和引导的方式来进行和完成，中华传统文化和德育的有机融合正是中华传统文化软实力得以形成和充分发挥的基本保证。

四、探索德育新路径的必然选择

德育具有文化属性，需要以文化为依托。中华传统文化与德育相融合，是应对目前德育存在的困境，探索德育新路径，提高德育实效性的必然选择。当前，在全球化时代背景下，多元文化并存态势越来越明显，大学生的价值观念、思维方式和行为方式都较以前发生了剧烈变化，这对高校德育提出了严峻挑战。

一方面，目前我国大部分高校的德育主要还是通过课堂教学来进行的，而且在德育课堂教学过程中，教学内容单薄枯燥，授课模式单一简单，往往采用社会学、心理学等学科方面的知识与技术，表面化和浅显化地临时解决问题，而对中华传统文化的挖掘和运用不够重视，即使以中华传统文化为依托，也大多停留在“机械融合”或“单纯说教”式的灌输层面，没有深入考察中华传统文化的实质内涵、时代背景、阶级立场等因素，这些都使得中华传统文化在德育中的运用和渗透，非但没有达到预期效果，甚至在某种程度上淡化了学生的民族自信心与自豪感，削弱了中华传统文化在德育中的重要应用价值，德育的有效性也大打折扣。

另一方面，当前在全球化时代的背景下，多元文化交流频繁，并存态势日趋明显，各种价值观论调不可避免地对大学生的生活态度、思想观念产生严重影响。很多学生既没有真正了解外来文化、思想、观念之精髓，又没有深刻领会中华传统文化、思想、观念之精髓，因此，在多元文化的碰撞中，他们的价值观极容易走向偏激或急功近利；在学习上，他们只重视能够谋生的课程的学习，而忽视精神层面的储备，对德育课程亦不屑一顾；在生活上，他们更愿意追求金钱与物质的利益；在精神上，他们则只考虑自己，不考虑集体和他人，缺乏对共产主义的理想与信仰，缺乏对人生目标的冷静思考，缺乏对良好的道德品质和人格修养的追求等。我国以往惯常以说教和灌输为主的德育模式，无法及时对这些问题提出行之有效的解决方法，而中华传统文化中的精华，也因大学生对其知之甚少，而无法发挥其在德育中应有的积极价值作用。

因此，要真正发挥中华传统文化在高校德育过程中的价值作用，摆脱高校德育所面临的困境，我们必须具有高度的文化自觉意识，探索建立中华传统文化与德育有机融合的最佳机制。

第二节　中华传统文化与德育相融合的可能性

一、价值观的契合之处

社会主义核心价值观是社会主义核心价值体系的内核，其基本内容包括：倡导富强、民主、文明、和谐；倡导自由、平等、公正、法治；倡导爱国、敬业、诚信、友善。

其中，富强、民主、文明、和谐，是我国在社会主义初级阶段的奋斗目标，体现了社会主义核心价值观在发展目标上的规定，是立足国家层面提出的要求；自由、平等、公正、法治，体现了社会主义核心价值观在价值导向上的规定，是立足社会层面提出的要求，反映了社会主义社会的基本属性，始终是我们党和国家奉行的核心价值理念；爱国、敬业、诚信、友善，体现了社会主义核心价值观在道德准则上的规定，是立足公民个人层面提出的要求，体现了社会主义价值追求和公民道德行为的本质属性。

社会主义核心价值观三个层面的要求也为我国的德育指明了方向。它要求德育必须在理念上进行全面的更新，树立“以人为本”的教育理念，体现在德育实践中，就是要以个人的发展需求为本，教育内容要以社会主义核心价值观为主导，教育方法要尊重个体差异，教育途径要吸纳隐性教育的优势等。

而中华传统文化作为中华民族历经五千余年的演化而汇集成的一种反映民族特质和风貌的民族文化，是中华文明的结晶，它源远流长、博大精深，形成了崇德善仁、贵和持中、进取包容、谦敬礼让、忠公重义、求真务实等内涵十分丰富的价值观念，这正是我国现阶段社会主义核心价值观的重要理论来源和发展动力之一。

可以说，中华传统文化所倡导的价值观念与我国当前的德育所倡导的社会主义核心价值观有着许多契合之处，这也是二者之所以能够相融合的重要条件之一。当然，这并不是说，中华传统文化倡导的所有价值观念都是正确且适合我国现阶段的德育状况的，因此，我们应该秉承批判与继承的态度来区别对待、使用它们。

二、目标的一致之处

我国德育的根本目的是提高人们的思想道德素质，促进人的自由全面发展，激励人们为建设中国特色社会主义、最终实现共产主义而奋斗。

这一根本目的包含两方面的内容：一是提高人们的思想道德素质，

使人们具备良好的思想道德素质，如崇高的理想、优良的品德、强烈的事业心、责任感、坚强的毅力、严格的纪律等，这是我国德育的内在目的；二是促进人的自由全面发展，这是我国德育的终极目的。这两方面的内容构成了我国德育的根本目的，是德育的灵魂和旗帜，直接规定了德育的共产主义方向。

而中华传统文化作为崇德尚贤的伦理型文化，以德育人、注重伦理道德，则是其显著特征。传统思想文化的重心是伦理道德学说。传统思想文化的突出特点和优点之一就是它的道德精神，故我国素以“礼仪之邦”著称于世。

首先，中华传统文化经典《大学》开篇便提出了思想教育的根本目标，曰：“大学之道，在明明德，在亲民，在止于至善。”这就是在阐明，思想教育的目标就是发扬光明美好的道德，使人人都能主动去除污染而自新，最终达到并保持完美之善的境界。

其次，中华传统文化特别注重对圣贤人格的追求。按照儒家学派经典《论语》的划分原则，中国传统的人格理想可以划分为三个层次。第一个层次为圣人，这也是中华传统文化中理想人格的最高目标和境界。孔子认为，真正的圣人必然是实现道德圆满的统治者，是圣与王的统一，也即内圣而外王。第二个层次为君子，即对美好道德的自觉追求者和体现者，这是中华传统文化中理想人格的核心要素。第三个层次为士或成人，即能遵守礼仪规范者和注重人格尊严者，这是中华传统文化中理想人格的基本标准。中华传统文化中这种对理想人格的追求，也体现了中华传统文化对人们道德品质的理想追求和总体要求。

由此可见，我国德育与中华传统文化在目标设置上都指向人，指向人的思想道德素质，都将对人的思想道德素质的培养和提高放在首要核心位置上。注重对人的美好的道德品质的培养和提升，则体现了二者在育人目标上的一致性。

此外，我国德育以共产主义为方向，不论是提高人们的思想道德素质，还是促进人的自由全面发展，都是为了更好地激发人们建设中国特色的社会主义，为最终实现共产主义而努力。这也表明了，政治属性是我国德育的根本属性。而中华传统文化也特别注重培养个人与家族、国家、社会的良好组织关系，强调“修身齐家治国平天下”。可以看出，中华传统文化培养“格物致知诚意正心”之人的最终目的毅然回归到“治国平天下”的政治属性上来。因此可以说，我国德育与中华传统文化的教育目标最终都指向了政治属性，这也体现了二者在最终目标指向属性上的一致性。

三、内容的相通之处

从中华传统文化和德育各自所包含的内容来看，也存在着许多相通相合之处，二者之所以能相融合，与两者之间存在着的这种相通相合之处有着密切关系。

首先，中华传统文化中的“大同思想”与德育中的理想教育之间存在着相通相合的关系。德育中的理想教育，是以共产主义理想为核心的理想教育。在正确指导方向所描绘的共产主义社会里，没有私有制、没有阶级、没有国家；财产社会公有，人人地位平等；大家各尽所能，各取所需；人性得以充分发展。

而在中华传统文化中，早在中国第一部诗歌总集《诗经》中，人们就有追求公平、幸福的“乐土”“乐国”“乐郊”的期待；在《春秋公羊传》里，也有“衰乱世、升平世、太平世”的三世说，而两千多年前的孔子，则在《礼运·礼记》中为我们描绘出了一个更为具体而美好的大同世界，在这个世界中，人人平等、亲密无间，人尽其才、物尽其用，个人与社会浑然一体。由此可见，中华传统文化中的“大同理想”与德育内容中理想教育的共产主义理想之间存在着一定程度的相似之处。

其次，中华传统文化中，朴素的唯物辩证法思想与德育中根本性的教育内容，即科学的世界观教育之间亦有相通相合之处。德育中的世界观教育包括辩证唯物主义和历史唯物主义两个方面的内容。

辩证唯物主义以世界的物质同一性为基础，以辩证法为方法论，以对立统一、质量互变与否定之否定三大规律为主干，坚持人类社会由简单到复杂、由低级到高级的螺旋式上升和波浪式前进的历史辩证法。

历史唯物主义则揭示了人类社会发展变化的终极原因是经济因素，并由此强调了社会存在对社会意识的决定作用、物质生产对社会发展的基础作用，以及人的实践对社会发展的推动作用。

而中华传统文化中则一贯重视“经世致用”，着眼于从物质生产条件以及民心向背的角度来思考历史的兴衰更替，着眼于从人民的物质生活出发来研究社会的道德与文明。春秋时期的管仲提出了“仓廪实则知礼节，衣食足则知荣辱”的观点，认为社会物质条件是人民群众精神生活的基础前提。孔子提出的“庶之、富之、教之”的思想，则解释了人口的繁衍、社会财富的增加、人民生活的富足和道德教化取得成效之间的依次决定关系。由此可以看出，中华传统文化中的这些观点，其实与历史唯物主义的观点有着相通相合之处。

除此之外，中华传统文化中还蕴藏着朴素的辩证法思想。道家学派的创始人老子提出了“万物负阴而抱阳，冲气以为和”的观点，意即任何事物都有对立的两个方面，即“阴”“阳”二气。这两个方面在相互作用中实现统一之“和”。《周易》中“一阴一阳谓之道”“刚柔相推而生变化”等观点，意在强调阴、阳和刚、柔对立面的相互作用对事物发展变化的推动作用。宋明理学时期的张载亦认为，“一物两体，气也。一故神，两故化，此天地之所以参也”，意在强调矛盾双方对立统一的关系。基于以上分析我们可以看出，中华传统文化中所蕴含的朴素的唯物辩证法思想，与辩证唯物主义和历史唯物主义之间，在价值定位和思想倾向上，亦存在着相通相合之处。

可以说，正是由于中华传统文化与思想道德教育内容之间的这种相通性，才使二者有了相融合的可能性，进而使德育得以在中华传统文化这一丰厚的历史土壤中不断地获得新的发展。

四、教育模式的互补性

德育的方法多种多样，有理论灌输法、实践锻炼法、自我教育法、榜样示范法、比较鉴别法、咨询辅导法等。其中，理论灌输法是德育最主要、最基本的方法。作为一门意识形态色彩极为强烈的科学，德育自然需要通过理论灌输法来对受教育者进行理论教育。不过，在我国以往的德育实践中，长期以来过分强调其德育功能尤其是意识形态功能，而对其文化功能缺乏应有的关注，这就使得德育一直偏重于简单空洞的理论说教和意识形态的直接灌输。不仅如此，在德育过程中，德育工作者往往也不考虑受教育者的具体情况，不分层次、不问对象，经常采用“我讲你听”“我说你做”“我令你止”等居高临下、简单粗暴的教育方式，受教育者则只是消极被动地接受而非积极主动地去内化吸收这些科学理论，这就使德育工作显得呆板枯燥、索然无味，德育的实效性大打折扣，德育亦难以适应新形势的发展要求。

德育对意识形态的过分强调，使其自身的文化属性和人文精神受到遮蔽。中华传统文化的教育方式则正好弥补了现代德育模式的不足。

首先，中华传统文化注重渗透而非灌输，强调“以文化人”，受中华传统文化影响而形成个性品质、思想观念、行为模式等，一旦形成就会内化、积淀、渗透于社会成员的灵魂深处，很难改变。

其次，中华传统文化注重引导人内心深处的自觉意识，引导人们通过“自省”“内省”“慎独”等内在自省的方式，来反思自己的思想和行为中的不足与过错，进而使人们在认识上达到真正的“知”，不断提升自身的道德修养，使自己不断接近圣人的道德境界。不过，以自觉内省方式来提高自身道德修养，最终是为了付诸道德实践。

再次，中华传统文化注重“知行合一”的道德践履而非空洞说教。可以说，“知行合一”正是中华传统文化经过长期的实践探索和理论总结所形成的极具特色的思想道德教育的方法论系统。

中华传统文化所倡导的种种教育模式弥补了我国现代德育因过分重视和强调意识形态性而造成的德育单一、空洞，以及枯燥的理论说教和灌输模式的弊端，作为一门意识形态色彩极为强烈的科学，德育离不开理论灌输这种教育模式，只是当我们忽视了文化对德育的内在渗透力，忽视了受教育者对德育内在自觉自省意识，忽视了德育的教育者与受教育者在德育过程中的道德实践，而过分强调这种理论灌输的教育模式时，灌输的力度再大，德育也难以取得理想效果，甚至会起反作用。

因此，我国当代的德育应该借鉴和吸收中华传统文化所提倡和践行的这些潜移默化的渗透、自觉的内在自省，以及“知行合一”等教育模式，来改变我国当代德育单一枯燥的教育模式，弥补我国当前德育模式的不足，引导全体社会成员积极主动、自觉地反思自身，不断提升自身的思想道德素质，培养自己良好的道德品质，提升我国当前德育的实效性。

第四节　中华传统文化与德育相融合的原则和路径

一、坚持正确指导和批判继承的原则

（一）坚持正确指导方向

我们必须坚持德育的正确指导方向。在中华传统文化与德育相融合的研究中，要正确把握中华传统文化与德育的内在关系，正确把握中华传统文化在当代德育中的应有地位。应该说，对中华传统文化的研究，必须坚持正确的指导方向，二者之间是支援意识与主导意识的关系，我们在努力挖掘中华传统文化的德育资源时，必须将其视为德育理论的支援性资源，而不能本末倒置。

（二）坚持批判继承的原则

在探讨中华传统文化应该如何融入德育这一问题之前，我们有必要了解清楚中华传统文化与现代化之间的关系。传统文化与现代性的关系大体包括四个方面：一是契合性；二是冲突性；三是潜现代性或准现代性；四是后现代性。也就是说，在中华传统文化中，既存在着可以直接古为今用的德育资源，也存在着完全不适应当代德育需求的糟粕性内容，还存在着必须经过现代转化才可以发挥作用的德育资源。

因此，我们应当基于现代转化的视角，本着“取其精华、去其糟粕，古为今用、推陈出新”的原则，理性分析中华传统文化对于当代德育的价值。

1. 坚持批判性原则

批判性原则是指对待文化不应该完全地接受或否定，而应该批判地继承。这也正是我们对待中华传统文化的正确态度。与世界上任何一种文化相同，中华传统文化既存在精华也存在糟粕，中华传统文化中的精华培育了我们的民族精神，而中华传统文化的糟粕也形成了我们的国民劣根性。因此，在中华传统文化与德育相融合的过程中，我们应该秉承“取其精华，去其糟粕”的批判性继承原则，对中华传统文化进行理性审视，在吸收、融合其精华的同时，还要对中华传统文化中的糟粕进行认真的批判和清算，以消除其对人们的思想造成的不良影响，使其适用于我国当前的德育。相反，如果我们照搬中华传统文化而不对其进行理性审视，就可能将其中的糟粕内容也一并带入德育中，从而对德育的发展产生阻碍的作用。

2. 坚持创新性原则

中华文明之所以历经五千余年而绵延不断，正是由于中华传统文化自身所具有的包容开放和自我革新精神，使它在与各种外来文化的不断冲突与碰撞中，借鉴、吸收其精华并将其内化于自身，使中华传统文化不断突破自身缺陷，从而完成自身的发展创新。而近代中国之所以走向衰败，也正是由于其闭关锁国的自我封闭，使其不能突破自身的缺陷，进而被同时期极富开拓扩张精神的国外文明所超越。因此，我国当前的德育只有不断借鉴吸收中华传统文化以及其他国外文化中丰富的德育资源，才能改变其自中华人民共和国成立以来的重意识形态说教而轻文化化育的缺点，改变其陈旧的内容与模式，不断开辟其发展创新的新视野与新渠道。

3. 坚持适度原则

作为德育学科的研究方向之一，中华传统文化与德育研究是在诸多学科领域的交叉视野中进行的。我们在研究中必然要借用其他学科的理论成果，如中国哲学史、中国教育史中关于古代道德教化理论及其运行模式的研究，中国伦理学史、中国德育史中关于古代道德教育理论的研究，以及其他学科的研究方法，如对中华传统文化价值的解读方法等。但是，应当注意的是，这些学科的研究成果只是从方法论与研究内容上提供借鉴，而并不能取代德育学科的独立思考。只有在研究中突显德育学科的独特立场，才能够使得这一研究方向不至于被淹没在其他学科领域中无法脱身。因此，借鉴其他学科的研究成果或研究方法必须是适度的、有条件的，绝不能把其他学科的研究内容照搬过来，或者用其他学科的内容来拼凑德育的内容。

4. 坚持渗透性原则

与强制灌输原则不同，渗透性原则强调了文化对人的熏陶感染，使人们在潜移默化中主动接受新的知识、技能或思想观念等，它有助于发挥受教育者的积极性和主动性。因此，在中华传统文化融入德育的过程中，就要注重渗透性原则在德育实践中的运用，让人们在潜移默化中培养良好的思想道德素质。

5. 坚持互补性与互容性原则

长期以来，我国的德育实践往往过分关注其意识形态功能，而忽视其文化功能，这就使得德育一直偏重于简单空洞的理论说教和意识形态的直接灌输，进而使其人文精神受到蒙蔽。中华传统文化的教育方式，则正好弥补了现代德育模式的不足，二者存在一定的互融性、互补性。二者的互融互补，有助于弥补我国当前德育模式的不足，引导我国德育模式等的创新发展，进而增强德育的实效性。

二、中华传统文化与德育相融合的路径

（一）将中华传统文化纳入德育范畴

基于对德育文化环境的考量，要彻底改变我国德育的尴尬状态，促进德育的创新发展，必须重新审视德育的文化功能，将中华传统文化作为德育重要的来源之一，纳入德育范畴。例如，在高校中开设中华传统文化课程，讲授《周易》《诗经》《楚辞》《论语》《孟子》《大学》《中庸》《荀子》《韩非子》等中华传统文化典籍，并揭示其现代价值等，使学生在中华传统文化的熏陶下，不断提高自身的思想道德素质和传统文化素养，实现德育的育人目标。

（二）在全社会营造良好的中华传统文化氛围

历史经验告诉我们，任何民族在任何时代发展文化，都必须重视弘扬本民族的传统文化。一个国家或民族如果离开了本民族的传统文化，就会丢掉文化之根、文化之魂，失去发展的方向。

社会文化环境通过融合在人们周围的各种教育因素，间接地、潜移默化地影响人的思想面貌和价值取向，影响德育的内容和方式；同时，德育也需要社会大环境的支持和帮助，只有整个社会认同重视中华传统文化，才有中华传统文化与德育相融合的土壤和基础。以高度的文化自觉和自信营造全社会重视传统文化、发展传统文化的良好氛围，是时代的呼唤，也是全社会的责任和义务。

人们应该吸取历史的经验教训，客观地认识中华传统文化，批判地继承中华传统文化中的优秀部分，为中华传统文化与德育的融合营造良好的社会氛围。具体来说，作为中华传统文化教育的领导者和推动者，国家和政府要在思想上高度重视中华传统文化教育在全社会的推广工作，要重视对中华传统文化资源的挖掘和运用，在全社会开展丰富多样的中华传统文化活动，并配合以相应的制度建设，通过起草出台加强传统文化教育的文件，从领导体制、规章制度、经费投入等方面提供制度保障，确保中华传统文化教育活动能够在全社会持续稳定地开展下去。

（三）加强科研与教师队伍建设，提高科研与教学能力

中华传统文化与德育这一研究方向，要求教师与相关研究者必须至少具备两个方面的专业学术能力：

一是必须具备深厚的中华传统文化功底，能够恰当运用中国哲学的研究方法诠释传统典籍，并能够呈现中国古代文化思想的真实面目，避免当前的泛泛而论与牵强附会的现象。

二是必须对德育原理有深入的了解，同时能够正确、及时地把握党的路线、方针、政策，坚持对研究传统文化的正确方向指导。

研究者只有同时具备这两个方面的素养，才有可能取得高质量的成果，这一学科方向也才能在德育学科中获得优势地位。

然而，目前在中华传统文化与德育这一研究领域，真正能同时达到这两方面要求的学者少之又少。这也是目前中华传统文化与德育这一研究领域存在的主要问题之一。

因此，我们必须加强这一研究领域的科研与教师队伍建设。首先，可以邀请不同学科的权威专家对这一研究方向的教师与科研工作者进行有针对性的培训或讲授，增强他们对中华传统文化与德育这两个方向的综合交叉研究能力。其次，要增加相关研究方向的科研项目和学术研讨交流机会，在深层次学术交流探讨中深化两种学科知识的融合度。最后，要提高相关科研项目经费，提高相关专业教师与科研工作者的待遇，增加教师与科研工作者的专业认同度。此外，还要适当增加教学任务，使他们在教学活动中进一步提高教学能力、改进教学方法等。

（四）关注社会现实，引入问题意识

理论研究唯有对社会现实做出积极回应，才能获得持续发展的源头活水。在德育中，对中华传统文化中的德育资源的挖掘与阐释，不应当仅仅陶醉于概念的界定与理论体系的呈现上，更为重要的是，应该能够对人们所关注的现实问题做出有效的回应，使理论研究获得开阔的视野与济世的情怀。

因此，关注社会现实，从实证调查入手，在寻找问题、引入问题中

确定研究的切入点，不断开阔学术视野，是中华传统文化与德育相融合研究的重要途径，是我们应该广泛运用的研究方法。

（五）将中华传统文化纳入教学计划

德育工作者应该以高度的文化自信和理论自觉，不断推进中华传统文化与德育的互动融合，使优秀传统文化通过创造性转化成为德育的不竭源泉。面对德育的新任务和新要求，对优秀传统文化资源的开发还需做大量艰苦细致的工作，需更进一步地对优秀传统文化进行细致梳理和深入发掘，加以“扬弃”，切实做到古为今用、推陈出新，使中华传统文化精华服务于德育。

首先，要改善教育原有的课程设置。课程的开设，离不开一定的学科专业要求。目前，中华传统文化与德育已成为德育学科的重要研究方向之一。因此，中华传统文化的内容亦应该系统地体现在德育理论课程的设置中。

虽然中华传统文化与德育已成为我国德育学科的重要方向之一，但其相关内容并没有系统地体现在课程设置中。因此，在德育中，除了原有的德育理论课，还可增设相关中华传统文化的必修课程作为补充，不断推进中华传统文化与德育相融合，进而促进德育的进一步创新发展。

其次，要在教材中增加中华传统文化内容。教材是进行德育教学的必要载体，目前我国德育理论课使用的是教育部的统编教材。这些教材的“概论”“纲要”性，决定了其很少能体现中华传统文化的内容。

再次，要将中华传统文化引入德育的课堂教学中。课堂是学校进行德育的主要阵地。通过课堂，课程才能落到实处，教材方能变活，教案才可实施。因此，教师应通过影视作品的播放、文化专题的讨论、文化论题的激辩、文化名著的导读、经史子集的解读、名篇读后交流等多种形式，将中华传统文化引入德育的课堂教学中，结合德育理论课的教学，围绕普及和弘扬中华传统文化知识，培养学生对中华传统文化的兴趣与爱好，为德育营造浓厚的传统文化氛围，提升德育的实效性。

最后，举办中华传统文化相关讲座。讲座是学校进行德育的有益补充形式。因此，在德育的课堂教学之外，学校可以从受教育者关注的热点、难点、焦点等问题出发，配合德育的开展，有选择地诚邀有关领域的专家、学者、名人、典型、模范、榜样等走进校园，设坛开讲，实现优秀传统文化传承与德育的“双赢”。此外，开展与传统文化相关的课外实践活动。实践是学校开展德育的第二课堂，也是中华传统文化融入德育的有效途径。

第四章　优秀传统文化融入高校德育的体系建构

第一节　高校立体化德育的整体理念

一、高校立体化德育概述

（一）高校立体化德育概念的界定

1．立体化概念的界定

所谓立体，是相对平面而言的。平面的特征是仅有二维性，立体具有三维性，并且立体化德育的“立体”不局限于空间限定，而且有时间的延续性，是多维度、全方位和运动变化的。进而，立体也更加突出完整性，它不仅具有三维的空间要素、一维的时间要素和运动变化的过程，而且有颜色、气味、声音、氛围等要素参与，与平面二维度相比更加直观、生动、形象、真实。“化”则包含转化之含义，完全彻底的意思。前者讲过程，后者说结果的状态。立体化的概念就是指由平面向立体转变的过程和通过这个过程所追求的结果。

2．立体化德育概念的界定

立体化德育是相当于平面化德育而言的，是一种全方位、多渠道、多因素共同作用的生动、形象、丰富、真切的德育。简言之，就是一种追求真情实感的德育。

立体化德育概念也有广义和狭义之分：广义的立体化德育，是“学校、家庭、社会”三位一体的立体化德育；狭义的立体化德育，专指高校立体化德育。

高校通过建立立体化德育内容体系、立体化德育渠道、立体化德育环境、立体化德育体系、立体化德育作用方式等各个方面实现高校立体化德育。由于高校和大学生属于社会的组成部分和成员，高校德育研究不可能作为一个完全封闭、孤立的对象来进行，所以，立体化德育研究也必然涉及家庭和社会的教育作用和影响。

（二）高校立体化德育的内涵之辨

1. 平面化德育与立体化德育

平面化德育与立体化德育，是围绕同一教育目的而采取的不同的德育方式。

平面化德育是运用相对单一、静态、抽象、枯燥的途径和方法，对大学生进行思想道德的教育和道德品质的教育。平面化德育是以单纯的文字和语言为特征的。它以报纸、杂志、书籍、录音、广播、墙报等语言文字为主要工具，采取讲授、报告、宣传的德育方式。其不足之处是，实施过程带有一定程度的时空上的局限性，内容也相对抽象，途径单一，方法静态。

而立体化德育与平面化德育有着截然不同的教育方式。立体化德育是立体的、多信号刺激的、多渠道影响的、全方位作用的德育。它使用多媒体、网络、手机、影视等传媒工具或创造富有教育影响的软硬环境，或设置学生实践体验的场合和条件，运用丰富、生动、形象、真切的教育方式，使学生在生动活泼、轻松愉快的氛围或环境中，接受德育或受到潜移默化的影响。

高校立体化德育的特点具体体现在以下方面：第一，高校立体化德育的教育影响来源是多渠道、多方面、多因素的，既有宏观意义上的大环境影响，也有微观意义上的小环境影响，通过大学生所接触的所有人、事、物、活动接受不同程度的教育影响。第二，高校立体化德育的过程生动、内容真实，让学生有身临其境的感觉，有真情实感的感受。

第三，高校立体化德育媒介和手段更加趋向现代化。例如，运用网络、影视等传播媒介，使用学生喜闻乐见的方法形成“声、形、图、文”等为一体的德育传播方式，适合青年学生身心特点。第四，立体化德育方式克服了平面德育的时空局限，具有影响渠道多、覆盖面宽、渗透力强的特点。

2. 立体化德育与德育立体化

如前所述，立体化德育是不同于平面化德育的一种新的德育方式，是一种全方位、多渠道、多因素共同作用的生动、形象、丰富、真切的德育。而德育立体化，则是由平面化德育向立体化德育转化的过程和所追求的目标。

德育立体化可以分成三个层次：第一层次，是通过书面语言或口头表述的方式，对学生进行德育活动，通过形象生动的描述，借助形象思维而实现德育立体化过程。第二层次，是通过电影、电视等影像手段，直接作用于大学生的听觉和视觉器官，给予大学生以立体的感受，称为间接的立体化。第三层次，是让大学生直接进入某项具体的实践活动之中，使多种刺激信号同时作用于学生视觉、听觉、触觉等感觉器官，感受真实存在的场景和真实过程，得到真实体验。

德育立体化也是一种完全彻底的立体化，用立体化德育代替平面化德育的全部。但是，这只是一种理论意义的状态和目标。实际上，我们在追求立体化德育的同时，也不能否认平面化德育的作用和效果。

（三）高校立体化德育的主要构成要素

1. 高校立体化德育的主体

德育主体和德育客体是德育过程中的两个基本因素，两者间的关系是德育过程中最基本的关系。纵观德育的发展历程不难得出，传统教学中，德育模式基本为“主体—客体”德育活动；德育工作者为德育主体，德育对象被视为被动接受的德育客体，德育工作者采取单向灌输的方法，将德育内容灌输给大学生，此种方式在很大程度上挫伤了大学生自主学习德育内容的积极性和热情。在弥补此种模式不足的情况下，高校立体化德育提出“主体（客体）—客体（主体）”为一体的双向互动的德育模式，德育工作者既是主体又是客体，向大学生进行德育引导时，也受到大学生对其的德育影响；大学生既是客体又是主体，在接受教育影响的同时，也对周围人群产生着影响。

根据马克思主义的观点，人是有思想、有感情的动物，具有社会性和主观能动性，大学生德育主体性也由此呈现出来。高校立体化德育就是充分肯定和尊重了大学生在德育活动中的主体性，把大学生和教育工作者看作平等的人，把大学生和教育工作者共同作为德育主体，尊重大学生的人格、尊严和权利，激发大学生主动参与德育活动的意识。

2. 高校立体化德育的客体

高校德育的对象是大学生。一个人思想品德的形成过程，实际是他们的知、情、信、意、行五个要素均衡发展的过程，也是把这五个要素作为一个整体，全面地对大学生进行教育的过程，再加上大学生本身又是现实生活中的“立体人”，这就要求对大学生进行思想道德教育和道德品质教育，也需要采取立体化的过程。另外，由于思想道德教育对象的情况错综复杂、千差万别，表现出非常明显的层次性，而且在现实的生活的社会环境之中，他们生活、学习与工作的周围环境、社会关系，每时每刻都影响着教育对象的思想政治品德的形成和发展，引起教育对象思想品德结构发生变化。因此，对大学生实施德育活动，要根据不同标准、不同层次的大学生采取不同的应对措施，对各种思想道德教育现象和问题进行立体的综合分析，从多种渠道、多种角度、多种层次，全方位实施，避免把复杂的现象和复杂的人的特性简单化。

3. 高校立体化德育的媒介

传统平面化德育媒介，课堂上主要由黑板、粉笔和书报组成，课外德育工具主要采用报纸、杂志、图书等纸质媒体和形象媒体广播组成，传播渠道相对单一、简单。而立体化德育媒介，在原有德育资源和德育媒介的基础上，把现代化的科技成果引进学校、引进德育课堂，运用现代媒介增强德育效果。高校立体化德育媒介，不仅包括图书、广播、电视等平面化德育媒介，而且包括现代德育媒介，如电影、电视、多媒体、网络和手机等新型的传播工具。课上通过现代德育媒介，集“文字、声音、生动形象的画面”于一体，使得课堂教学更加生动、形象；课下，把德育信息通过网络、手机等现代工具进行传播，加速了人与人的沟通，加深了德育主、客体间的联系，拓宽了德育传播渠道，推进了高校立体化德育渠道的建设。

4. 高校立体化德育的环境

每个人需要面对的环境都是多元的、立体的。根据环境具有多元化、立体化的特性，高校立体化德育环境可以从多个角度、多个层次进行区分。立体化德育大环境分“家庭、学校、社会”三个层次的立体环境。因为人从具有生命起，其思想意识就开始受到家庭环境的影响；进入校园后就会受到相对丰富的校园环境的影响。其间，还要接受复杂的社会环境的制约。大学毕业后，又要回归到家庭环境和复杂的社会环境中，继续接受环境对其的影响、作用。相对来说，高校校园环境属于环境的“中间站”。

立体化德育小环境仅指学校环境。学校是学生生活、学习的场所，作为德育的主阵地，其本身也是立体的场所，且高校立体化校园环境也具有层次性。例如，硬环境和软环境。硬环境是指学生赖以成才的物质基础，如各种各样的教学设施、生活设施，以及文化活动场所。软环境是指影响学生发展的精神因素，如大学精神、校风、教风、学风、校训、文化氛围、人际交往、制度文化、风俗习惯等多方面。因为学生成长的环境是一个立体的受多种因素影响的系统，所以，必须整合德育环境，系统地育人。

5. 高校立体化德育作用方式

高校立体化德育是通过多方面、全方位、多因素的方式、方法和手段，共同作用于大学生的思想素质、道德品行，最终实现大学生的全面发展。高校立体化德育的作用方式主要有以下三种：

首先，体现为人与人间的教育影响作用。高校内部教育者与学生、管理者与学生、学生与学生间的互动，高校外部父母与子女、社会人群与学生的互动等，多个方面、立体互动的交往途径，是真实客观存在的德育渠道，而且能使学生真实感受到影响其人格形成的教育作用。

其次，体现为人与物的立体影响作用。物是一个立体存在的客观物体，对大学生思想也具有重要的影响作用。因为人在能动改造某些物体的时候，物体也在对人的思想的形成进行着不同程度的影响。

最后，体现为现代传媒对大学生道德的影响作用。电视、网络、手机等现代信息技术的运用，直接对大学生的思维方式、生活方式、交往方式产生巨大的影响。因此，要紧跟时代发展的客观要求，有效地利用现代传媒对大学生思想道德品质和综合素质进行的教育影响作用，增强高校德育的实效。

（四）高校立体化德育的特点

1. 教育的整体性和过程的生动性

系统的最大特点在于整体的功能大于各部分之和，通常系统的整体功能相对于各组成部分的功能是一种质变。高校立体化德育不是简单的在个体之间进行的德育实践活动，其整体性体现在资源的整体性、德育方法的整体性、德育目的的整体性、德育内容的整体性、德育过程的整体性等方面。高校立体化德育把多种资源作为一个整体，对大学生进行教育、引导和培养的德育活动，形成一种德育合力。无论是从广义概念上的“学校、家庭、社会”一体的高校立体化德育，或者是狭义概念上的高校立体化德育来看，其目的就是实现大学生的全面发展，强调具有德育功能的多个方面形成一个整体，使它们为了共同的德育目的互相支持，形成一种前进的合力。例如，高校内形成的人文环境、多种多样的德育活动、文化宣传、网络信息的传递、教育基地作用等德育功能，共同协调作用于大学生的思想政治素质和道德文化素质，从而推进德育的效能。

高校立体化德育媒介的运用，使得德育信息传播更加生动、更加形象、更加感性。借助现代化传媒工具、手段对德育进行广泛传播，使过去平面化德育由“读”“想”“听”变成了“看”“听”“信”为一体，让学生能真实地“看”到德育画面，画面中的时间、地点、人物、景色都是客观存在的；“听”到视频中人物间的语言交流；“信”服道德是人成长的需要，以及把良好道德行为作为人生的一种信念。而且运用现代传媒工具，可以在极短的时间内甚至几乎是同时，把具有道德功能和作用的视频在广大民众间迅速传递，被大家迅速了解，其传播空间广阔，德育辐射范围宽广，跨越了年龄、性别等之间的界限。

2. 空间的立体性和内容的真实性

高校立体化德育具有一个最鲜明的特点，就是空间的立体性。空间的立体性可以从多个角度进行考虑。宏观上看，从家庭教育、社会教育、学校教育、环境教育等空间上，对人产生多维教育影响作用；微观上看，从教育者、社会人群、亲朋好友、影视人物等方面，对人产生多维教育影响作用；从载体的功能上看，集声音、视频、文字、图片等立体多维地对人进行教育作用。通过建立立体多维的空间，运用多渠道、多角度、全方位的教育影响，使受教育者在不知不觉中发生变化，而且这种教育不受时空限制，可以处处存在，能够有效地覆盖受教育者的学习和生活空间，使教育从单一走向多元，如管理育人、教育育人、服务育人、环境育人等，从不同层次、不同维度对受教育者进行立体教育影响。

高校立体化德育内容具有鲜明的真实性和生活化。高校立体化德育能给予学生真实、真切的感受，因为无论是环境育人还是服务育人，都是发生在身边的真人、真事，能让大学生深刻感受到，很大程度上改变大学生理念中德育就是“假、大、空”的理论性知识的认知。

另外，在选择德育内容时，也要与大学生的真实生活接轨，如果高校立体化德育内容与大学生身边的生活相差甚远，无法解决大学生生活中存在的问题，就很难激发学生学习的热情，即要在教育中体现生活气息，增强德育真实效果。正如中国教育先导陶行知所说“生活即教育”，好的生活就是好的教育，坏的生活就是坏的教育，使学生在生活中处处感知教育的存在，彰显德育的真实性和生活化。

3. 方法的多样性和媒介的多元性

立体化德育方法是德育工作者面向德育对象在德育过程中所采用的方法，是德育的教育者与德育对象相互作用的媒介和桥梁。立体化德育，其方法或方式具有生动、形象、真实的特点，它既不是教育者一方的活动方法，也不是以教育为主的活动方式，而是教育者和受教育者共同活动、相互作用的方法。高校立体化德育在采用方法方面具有多样性的特点。比如，理论讲授法、案例教学法、情境教学法、现场教学法和模拟教学法、体验教学法等，都是立体化教育的方法，而且把教育者的榜样示范法和实践教育法相结合、环境教育法和隐性教育法相结合等，协同对大学生进行德育影响，更能增强大学生德育的效果。如，教育者的榜样示范法是最有效地让学生感知的方法，在校期间与教育者接触最多，教育者的道德行为最具有说服力。实践德育方法，就是在社会实践和社会环境中、在社会教育活动中达到教化目的和作用，使大学生感受到良好的道德品质，不仅是社会发展的需要，更是人客观发展的需求。而隐性德育是大学生在无意中所感知、所感触的教育方法，因为隐性德育是发生在大学生身边的真人、真事，所以更能激起大学生内心中的共鸣。

随着现代化科技成果大量地被引入德育活动中，立体化德育的媒介选择越来越趋向于现代化、多元化。传统德育课堂媒介主要是“一黑板、一粉笔、一本书、一张嘴”，其他课外德育媒介主要是报纸、杂志、广播等相对平面的德育传播工具。在信息化时代的今天，电视、网络、短信通信等现代传媒资讯已经深刻地介入和影响着大学生的生活，改变大学生的生活方式，对学生的思想道德品质的形成产生着深刻的影响。高校德育在继续利用传统常规媒介的前提下，又增添了现代化的德育媒介，即电视、网络、手机等现代化的传播媒介，通过现代信息技术所提供的平台，丰富了高校德育的手段，推进了高校立体化德育实施途径的完善。

4．对象的主体性和地位的平等性

传统高校德育模式基本属于以管理者、教育者为主体，忽视受教育者的主体地位；而高校立体化德育充分肯定了学生的主体性和能动性，以学生全面发展和满足学生的成长需要为德育目的，将“以学生为本”作为立体化德育的归宿点，管理者和教育者是为学生的全面发展服务的。高校立体化德育注重发挥学生的主体作用，让大学生在社会实践中践行自身的德育认知，从自发到自主、自觉地进行思想道德教育和价值判断与选择，并最终养成良好的思想政治素质和道德素质。

高校立体化德育主客体地位的平等性，是建立一种人人都是德育主体，个个都具有教育影响，改变仅由教育者单方面灌输的德育模式，改变了德育主客体之间的不平等、不对等性。由于人与人的平等性，最大限度地调动了受教育者的参与意识。另外，由于教育者与受教育者间的平等关系，也避免了教育过程中受教育者的逆反心理，通过对受教育者无意识的心灵反应机制施加影响，受教育者受周围环境、行为和信息的感染、熏陶，会在无排斥心理状态下不知不觉地接受教育信息。由于受教育者在参与实践中发挥了其自身的主观能动性，在行为中检验了自身的教育认知，因此，德育平等性更能促进大学生自主内化、自我教育思想的形成，自觉提高自身的道德素质。

二、高校立体化德育实施途径的探索

（一）努力创造育人环境

1．家庭环境

家庭对大学生德育的养成起着极为关键的作用。家庭在一个人的一

生中，不仅是童年的摇篮、一生的港湾，而且对其一生德智体美劳等全面素质的形成和发展起着全面持久的影响。虽然大学生入校后，家庭对大学生德育的影响有所减少，但是家庭德育依旧发挥着基础性的作用。由于家庭德育的基础性和影响的深刻性，家庭应该承担起自身的教育职责，积极营造健康、向上、和谐的家庭德育环境，为大学生创造良好的家庭教育环境。

家庭氛围是家庭中长期积累而成的精神状态和情感倾向，是一种潜移默化熏陶感化的潜在教育因素。家庭环境可以分为物质和精神两个方面。物质方面，包括家庭经济收入、居住条件、环境美化等。精神方面，包括家庭道德、家庭文化、家庭舆论、家庭风尚等。所有这些因素紧密地联结在一起，共同构成现实家庭教育环境的整体和合力，全方位、多角度、多层次地影响着教育对象。

因此，家庭教育应该是立体化德育的实施途径之一。优化家庭内部的教育环境，家长要在物质和精神两个方面做出努力。首先，要创造良好的物质环境。家庭的物质条件，不求任何豪华、奢侈，只求舒适、整洁，一切东西摆放有序。这样，可以促进孩子形成良好的生活习惯和审美观念。其次，要创建良好的精神环境。家长要创建民主和谐的家庭氛围，反对专制和暴力，充分尊重孩子的主体意识，使家庭环境具有积极的道德取向、主流的家庭文化、正确的舆论导向，形成良好的家庭风尚。

2. 学校环境

学校是大学生德育的直接责任者，是进行系统德育的重要阵地，学校环境是高校立体化德育的重要方面。学校环境特别是文化建设，对育人发挥着潜移默化的影响。一所大学的文化，通过明确导向、创设环境、营造氛围，潜移默化地影响大学教育和社会教化。学校环境质量如何，与大学生息息相关，它对大学生具有强烈的暗示性、渗透性和潜移默化的作用，并持久地产生着影响。所以学校环境应该是高校立体化德育建设的重点，要不断地加强校园硬环境、软环境，包括制度环境的建设，更好地为高校德育服务。

首先，要科学规划、精心设计，构建优美的校园硬环境。学校硬环境是指高校的自然地理位置、校园建筑、整体的布局和规划、绿化美化以及校园的文化设施等，是学校环境的有形部分。如果在校园环境的建设中融入德育的要素，按照德育规律加以精心设计和构建，使其从一般的物质环境转化为具有育人功能的德育环境，进而转化为影响学生的思想情感和道德行为的重要外部力量，转化为持续不断地感染、陶冶人的精神力量。

其次，要认真制定严格规范、科学合理的制度，创建良好的校园制度环境。学校的管理制度是一所学校精神文化的反映，通过制度的约束力、影响力和牵引力，来体现学校的导向，规范引导学生的行为。要建立强有力的德育工作管理体系和高校的德育运行机制，为高校动态的德育活动奠定坚实的基础。在制定制度的过程中，要注重制度安排和引导，用科学制度的制定、执行、监督，保证、规范并引导高校师生的言行，要将制度的制定和高校德育工作以及大学生多方面的发展需求结合起来，建立起科学且规范的规章制度，使大学生在遵守各项规章制度的过程中，自觉地向德育要求的目标靠拢，将自我约束和自我管理结合起来，更好地提升自身的道德素质。

最后，搞好宣传教育，树立良好的校风、学风、教风，营造优越的校园软环境。校园软环境是一种无形的德育环境，它与校园硬环境及制度环境共同构成学校德育环境，并发挥着重要的作用。学校软环境从不同层面影响、改变和塑造着大学生的认知、情感、行为，还反映了高校追求的价值目标、道德情感和行为模式。它是通过学校师生共同营造，并经过积淀、选择、凝练发展而成的，它所倡导的道德价值和校园精神已经浸透和附着在校园内的各种环境和人文因素之中，并让大学生时时刻刻感受到它的存在。因此，校园软环境对大学生的思想道德教育和熏陶是十分重要的，应坚持不懈地构建和营造优越的校园软环境。

3. 社会环境

社会对大学生德育的影响日趋增强，社会影响转化为德育影响的成分越来越多，社会环境中所包含的经济、文化、教育等因素，日益成为影响大学生德育的重要方面。社会环境能通过个体的种种活动，塑造个人行为的智力和情感倾向。社会环境毫无意识地、不设任何目的地发挥着教育和塑造的影响。社会环境是相对于家庭环境、学校环境而言的，是指家庭、学校以外的德育环境。社会环境对高校的影响程度日益加深，大学生不仅仅受到来自校内德育的影响，也受到现实社会生活的影响，大学生德育素质的形成是多种因素共同作用的结果。因此，高校立体化德育要关注社会环境建设，推进有利的社会环境建设，优化和开发社会环境，充分利用和挖掘社会环境因素的育人功能，提高立体化德育的实效。立体化德育作为社会实践活动的一部分，存在于社会之中，无法脱离社会自成系统。要积极营造有利于高校德育的综合环境，使人们在优美、有序、和谐的自然环境和社会环境中受到潜移默化的教育，实现环境育人，增强德育的效果。

一方面，积极建设社会硬环境。社会的“硬环境”主要是以实物形态所展示的人口、地物、地貌、资源、设施等物质环境。要特别注意开发、挖掘其中的德育资料，并积极加以利用。比如，建立一些与当地教育发展相适应的德育基地。这些基地可以是历史纪念馆、文物保护区、革命遗址等爱国基地；也可以是军训、社会实践、专业实习等实践基地；还可以是文化娱乐、体育运动等文体活动基地。通过对这些硬环境的改造和利用，既能填补学校德育条件的不足，又积极拓展了德育的空间，给大学生更好的德育熏陶。

另一方面，努力创设社会软环境。社会的“软环境”主要是指以精神面貌所展示的社会、政治、法制、文化、教育等人文环境。就蕴含的德育因素来说，社会软环境就是社会上的人们在经济、文化、精神等活动中通过共同生活、相互交往，积淀形成的价值观念、行为规范和道德准则，高校德育从这种环境中获得的渗透力最为强烈，也是立体化德育实施的重要途径。要创设良好的社会环境氛围，特别要重视文化的管理和法制的建设。例如，文化部门要会同相关执法部门认真开展对音像、书刊市场的管理和稽查活动，切实加强对各种文化场所的管理。公安部门要采取有效措施，维护社会秩序，打击歪风邪气和各种社会犯罪活动。我们要积极开展各种构建和谐社会的活动，创设一个良好的社会软环境，让大学生在美好的环境中受到教育。

4. 虚拟环境

虚拟环境主要是指网络环境。随着信息技术的发展，网络与人们的生活日益密切，给人们的思想也带来重要影响。网络正在逐渐成为德育的新阵地，不但为高校德育工作提供了丰富的资源，而且突破了时间和空间的限制，将家庭、学校、社会的影响有机地整合起来，极大地扩展了德育的时间和空间。网络已成为大学生思想道德教育信息的新载体，它以一种全新的信息传播方式，加速了思想道德教育的知识、价值传播，网络互动平台更好地满足了思想道德教育者和受教育者之间双向互动的需要，网络的技术特性有利于促进思想道德教育获得最佳效果，网络与思想道德教育的关联日趋紧密。所以，高校立体化德育的环境与虚拟环境的关联亦应紧密起来。要加强虚拟环境的建设，构建健康积极、催人上进的网络环境。开展以德育为主题的网上论坛、网上讨论、网上交流等，通过平等交流、民主对话、积极渗透、加强监督等方式，强化德育，不断增强网络环境的影响力；要坚持管理和教育相结合、“堵”与“疏”相结合、他律与自律相结合的原则，积极制定有利于德育虚拟环境建设的政策，保障虚拟环境的健康发展。

（二）用心打造校园文化

1. 建设丰富多彩的校园文化阵地

（1）活动阵地

活动阵地即校园内的政治、学术、科技、文体等活动，以及这些活动的延伸与扩展。例如，大学生文化节、体育节、艺术节等活动，已经形成传统的开学典礼、毕业典礼、校庆日等校园节庆活动。高校这些活动不但承载和体现着校园文化的内涵，也传承和发展着校园文化的内涵。高校应把立体化德育的理念注入这些活动中，在提升校园文化内涵的同时，也使广大师生从这些活动中受到锻炼、熏陶和教育。高校要精心设计，认真组织，长期营造，形成特色，使之成为吸引力和感染力强的教育活动阵地。

（2）社团阵地

社团阵地即校园中由师生按照个人兴趣爱好，自愿组织和参加的政治性、学术性、科技性、文体性等各种社团。社团活动的开展给大学生的业余生活和大学校园增添了亮丽的色彩，大学生社团的建设在创建校园精神文明、繁荣校园文化、拓展学生综合素质及实践能力等方面，起到的作用越来越突出。加强社团建设正成为拓展高校德育空间的重要手段，也是立体化德育的重要组成部分。高校应当加强对校园内各种社团的扶持和管理，引导和帮助他们把握社团发展的方向，健全社团规章制度，活跃社团生活，提高社团活动质量，扩大社团影响。社团自身也要不断强化育人功能，使学生社团真正成为学生的精神乐园，成为校园文化的亮点，成为立体化德育的重要阵地。

（3）舆论阵地

舆论阵地主要是指学校的校报、校刊、校内广播电视、学校的出版物以及校园网等。高校开展德育，要树立立体化德育理念，坚持正确的舆论导向，采用多种方式，发挥舆论阵地在德育中的积极作用。高校除了要加强对各种传统媒体的建设和管理外，还要特别重视和加强对校园网等新型媒体的建设，主动占领网络德育新阵地，使网络成为弘扬主旋律、帮助大学生积极向上健康成长的新手段。高校可以针对网络特点，建设一些融思想性、知识性、趣味性和服务性于一体的主题教育网站和网页，建立网上德育工作队伍和网络德育工作体系，积极主动地开展生动活泼的网络德育活动，形成网上德育的合力。

2. 充分发挥大学生在建设校园文化中的作用

（1）充分调动学生的积极性

大学生是校园文化建设的主力军，他们不仅有较强的表现欲和交际需求，这使他们能积极主动地投入校园文化活动之中，而且他们大多都具有较高的政治觉悟、敏锐的鉴别观察力和开拓进取、敢于冒险的精神，这可以使得校园文化更好地发展。首先，高校要给大学生提供一个民主自由的环境，让大学生可以尽情地发挥自己的才能，不受太多约束。其次，可以采取一些激励措施。例如，通过征文比赛，鼓励学生创作新的文艺作品，用年轻并且独特的视角阐述校园文化；通过将大学生参与校园活动所取得的成绩计入大学生的综合测评等形式，让大学生更为积极地参与校园文化活动。最后，提供一定的经费和制度保障，让学生真正参与进来，从单纯的接受者变成主动的创造者，在参与中加强对德育的认同，加深学生对德育的理解。

（2）努力激发他们的创造性

校园文化要想获得发展，从根本上离不开创新，离不开激发他们的创造性。这种创造性也是发挥他们在校园文化建设中的主动性的必然要求。而在这个创造过程中，大学生们能挖掘出适合他们的校园文化中的德育因素，用他们喜欢接受的方式来创造，取得更好的校园文化建设效果和提高学校的德育水平。

（3）尊重他们的个性

校园文化以其独特的文化创造为标志，也在不断显示个性。个性是一种创造活力，是一种对自身价值的追求。作为校园文化主体的大学生，既是文化影响的对象，又是文化建设的主人，校园文化个性的塑造，还得依靠他们的个性来实现。

所以，高校在校园文化建设中应该高度尊重学生的个性，推动立体化德育融入校园文化的发展，激发他们的责任感，让他们在品味自己劳动成果、体验自己成功喜悦的同时，受到教育，在个性完善中，提升德育素质并促进校园文化的发展。

总之，立体化德育融入校园文化，可以把德育的内容渗透各种生动活泼、形式多样的校园文化活动当中，促使青年大学生在快乐中接受教育，在教育中体会快乐。这样的教育效果往往比传统平面德育的方式要好。同时，立体化德育融入校园文化，会形成一种无形的感染力量，影响大学生的思想观念；陶冶大学生的情操，使大学生在潜移默化中受到教育，弥补传统德育的不足。

（三）深入开展社会实践

1. 大学生社会实践的特点

（1）形式的多样化

大学生德育实践的形式灵活多样，而且在不断拓展和创新。大学生德育实践可以分为社团活动、社会调查和实践、参观思想教育基地、大学生志愿服务、暑假“三下乡”、政策宣讲、支教、支农等形式。

（2）场景的开放性

大学生德育实践的场景是开放的，不局限于校内，也可以走出校园；不局限于社区，还可以深入企业、机关。德育实践场景的开放有利于大学生融入社会，也因此深深吸引大学生参与其中。

（3）主体参与的广泛性

德育实践的参与主体是十分广泛的，不论年级、所学专业和性别，可以是全体学生；而且不同年级、不同班级、不同院校的大学生，可以联手共同开展一些大型实践活动。德育实践以其参与主体的广泛性，使不同院校和不同年级的大学生共同交流、相互促进，也使实践活动能够轰轰烈烈，产生广泛的影响。

（4）体验的深刻性

大学生德育实践给大学生带来的体验是深刻的。大学生在第一课堂所学的知识，还停留在一般的理论认知程度，没有深刻的切身体验。大学生德育实践以实际体验为主的活动模式，使大学生在实践的过程中能够产生深刻的感受，从而有利于形成感性认识，加深对课堂德育内容的理解。

（5）易于接受性

大学生德育实践，不仅形式多样、场景开放，而且大多是大学生自己设计、组织和实施的活动项目，大学生在其中有很高的自主性。因此，德育实践对大学生有较强的吸引力，也因为在实践中的学习是自主学习和启发式学习，因而，更容易使大学生理解德育内容，大大提高德育的认知水平。

2. 努力拓展社会实践的新形式

大学生德育实践活动在各高校都开展了很长时间，在实践过程中也总结出了许多好的活动形式和内容。比如，大学生社团型的社会实践、义务支教、党的理论宣传、社会热点调查等，这些活动充分发挥了大学生的积极性、主动性，容易使活动落到实处，收到很好的效果。我们要积极拓展新的德育实践形式，丰富实践活动，推动德育发展，结合当前社会发展需要和大学生成长需求，赋予德育活动新时代的特色，给德育实践注入新的活力。

3. 积极扩大社会实践活动的参与面

坚持理论学习、创新思维与社会实践相统一，坚持向实践学习、向人民群众学习，是大学生成长成才的必由之路。这充分强调了实践育人的重要性。当前，高校实践育人虽然进一步得到重视，内容在不断丰富，形式也在不断拓展，取得了很大成绩，但是，实践育人仍然是高校人才培养比较薄弱的环节。要积极扩大社会实践活动的参与面，打破传统集中于本科生、研究生单一参与层面的社会实践，积极鼓励党团干部、辅导员和“两课”教师参与指导，提高德育的有效性。党团干部、辅导员、“两课”教师的参与，可以将大学生德育更好地融入社会实践过程中，打破传统的德育只有在校园内完成的观念。走出校门，在社会这一相对宽松和谐的环境中进行思想教育，与课堂教育相比，会收到事半功倍的效果。

4. 重视实践活动基地建设

实践育人基地是开展实践育人工作的重要载体。建立大学生德育实践基地，使大学生的德育实践活动变得基地化、规范化，是进一步深化高校德育实践活动的内在要求。大学生实践基地是开展好大学生实践活动的基础和有力保障，应该给予足够的重视。高校应该将现有的一批实践活动基地拓展为德育基地，最大限度地发挥实践活动基地的实践教育和德育两大功能。高校要提供必要的经费和制定相应的政策，建立、健全长效激励机制，加大对实践基地建设的投入力度，同时，也要避免建设的随意性，避免重建设、轻培育的现象，更好地为德育工作服务。

将立体化德育融入大学生社会实践的过程，是以一个新的视角来审视高校大学生社会实践，把立体化德育体系融入大学生社会实践，在社会实践中提高德育工作的有效性与针对性，使立体化德育融入大学生实践落到实处的过程。

（四）充分运用现代传媒

1. 开展丰富多彩的校园网络文化活动

开展丰富多彩的校园网络文化活动有助于形成良好的校园网络文化环境，活跃校园文化氛围，有助于立体化德育融入网络文化建设持续、健康发展。

第一，正确认识校园网络文化活动的主题。校园网络的主体是人，立体化德育的主体依然是人。要突出育人这一主题，就要正确把握校园网络文化活动的主导方向。通过校园网络文化活动，使师生员工在良莠不齐的道德思想天地中，明辨是非、武装头脑，自觉抵制歪理邪说；坚定信念，树立正确的世界观、人生观和价值观；主动适应青年学生喜欢上网、兴趣广泛、审美能力强的特点，满足多层次的精神文化需求。

第二，切实掌握校园网络活动的方式、方法。一定要以学生为本，找到网络活动的切入点，把活动深入到师生中间。还要把握青年学生特别是学生网民这个特殊群体的特征，充分调动他们主动参与校园网络活动的积极性，激发其创作力，使他们成为校园网络文化活动的主体。

2. 坚持网上和网下德育相结合

互联网具有及时、互动、灵活、形象等优势。我们应充分发挥和利用互联网的优势，结合大学生思想动态，针对他们关心的热点、难点问题，在思想政治工作网站上设立一些如论坛、班级交流群、留言本、邮件列表等形式的栏目和常见问题回答栏目，为大学生的思想政治工作服务。互联网为德育工作提供了有效的途径，但网络不是万能的，网上教育只是德育工作的一种有效方式。只有将网上和网下德育工作有机地结合起来，德育工作才能发挥出最大的效应。网下德育工作要发挥传统德育工作的优势，多形式、多途径地进行，务求实效。比如，通过课堂教育开展德育，开展一系列德育主题活动，营造良好的校园氛围等。

3. 促进学生心理健康发展

高素质人才需要拥有良好的心理素质。网络文化中所包含的积极因素，可为学生培养健康的心理素质提供有效的方法。当今社会，来自各方面的激烈竞争及社会和自身的诸多原因，使得大学生承受着巨大的心理压力，有部分学生甚至存在一定程度的心理疾病。高校可以开设网上咨询热线，给存在心理问题的大学生以及时和正确的指导，使学生在不需要说明自己身份的情况下，尽情地诉说或宣泄，还可使其在网上接受心理矫治，从而拥有良好的心态。高校还可以利用网络来教育大学生树立心理健康意识，增强心理调适能力，全面提高心理素质，使其坦然面对和正确处理学习、择业、人际交往中所遇到的问题。另外，可以设计一些健康的网络游戏、有奖答题竞猜、网友讨论等多种自娱自乐、喜闻乐见的网上活动，为青年学生提供适度的自我表现机会。一旦这种精神环境和文化氛围形成，就会既满足大学生身心发展的需要，也将形成蓬勃向上、健康的校园文化氛围。

4. 举办有特色的校园活动

以网络为载体开展的校园文化活动可以集声音、图像于一体，同时，运用学生视觉和听觉，给大学生以立体化的感受。另外，在网上开展各种校园文化活动，可以不受时间、地点等条件的限制，也可以充分发挥学生的创造力、调动学生参与的积极性。这种利用多媒体技术开展的活动可以取得传统媒体难以取得的效果。例如，大学生社会实践成果欣赏，配上音乐和精美的图片，将会提高实践活动的感染力，激发学生参与德育实践的热情。同时在网上开展各种类型的知识竞赛、辩论赛等活动，可以在校园营造追求知识、追求真理、积极向上的文化氛围，在这种氛围的熏陶下能够使大学生的德育素质得到提高。

5. 电视及网络视频是当前推进立体化德育的重要手段

科学技术的发展，信息技术、多媒体技术和影视技术的日趋完善，为高校立体化德育的开展提供了良好的技术基础。充分利用这些条件，利用好电视和网络视频，大力推进德育现代化，提高德育的覆盖面和渗透力，也是立体化德育的有效措施。随着3D技术的发展及其电视频道的开通，将会给观看的大学生带来不一样的感受。它将画面立体逼真地呈现在观众的面前，配合动作、声音，不仅给观众带来听觉和视觉的刺激，而且让观众有种身临其境的感觉，增强了立体化的感受，能够取得很好的效果。因此，我们可以制作生动、形象富含德育因素的视频和短片，通过信号的转化，转变为3D的信号再通过校园电视频道向大学生播放，让他们接受立体的教育，提高德育的实效性。网络视频的应用拉近了教育者和大学生之间的距离，让交流变得更加自由和活跃，即使两者在地理位置上相距甚远，教育者仍可以利用网络视频第一时间掌握学生的现实生活状态和心理特征，从而因势利导，矫正认知上的偏差，引导他们健康成长，这体现了立体化德育的全方位性。因此，要发挥好网络视频的作用，推进立体化德育的发展。此外，由于网络视频的上传者特别是大学生拍客的存在（他们乐于随时随地将身边发生的事情上传网络，与大家共享）不在现场的人也能第一时间知晓现场状况，进入当时发生的情境中，这些视频符合了立体化德育的要求，体现了大学生的主体性，而且激发了大学生参与的积极性。因此，要制定相应的激励措施，鼓励他们将拍下的身边的感人事例和好人好事的视频上传到网络，让大学生感受到德育现实的存在，让他们在情感上受到震撼、在思想上受到教育，使他们的德育素质得到提高。

第二节　文化战略与高校大德育体系的构建

一、文化战略与高校德育的关系

（一）德育的文化属性

德育的文化属性是指在德育中存留着其文化母体的某些印记和特性，肩负着文化的某些使命和功能。从德育产生根源来说，德育脱胎于文化，是文化精心孕育的产儿，是在文化的滋养下逐渐成长的。

就目前我国高校德育而言，德育不仅与文化母体之间存在紧密的联系，而且还承载着传承并复兴文化的任务。因此，我们可以说，德育具有文化的身份和属性。德育，从字面简单理解，就是通过道德教育使受教育者学会做人，这是文化固有的功能，是文化社会化的重要方式。

在德育发展过程中，逐渐走向专门化、独立化、体制化，这绝非要跳出文化的怀抱，而是文化的功能已经内化为德育的功能，德育的文化属性内化为德育的本质属性。但是，随着专业划分越来越精细，理性和科学对德育领域的侵蚀，人们对德育的研究往往脱离了文化的本质属性，反而追求通过量化的、实验的方式去探索德育的外在规定性，结果导致了机械化、理性化、知识化的知性德育的产生。这彰显了德育回归其文化属性的重要意义。

在文化战略指导下的德育必然从属于文化，这是德育获得持久发展活力的保证。其包括以下几个方面：第一，德育成为文化的重要组成部分。这意味着德育体系必须建立在文化战略的体系框架下，德育内容、德育方式、德育主体都要服从和服务于文化战略的需要。第二，德育是文化的内核。文化怎么样传承和发展德育是最重要的方式。中华传统文化正是通过对“化外之民”的道德教化，通过“言传身教”的方式向外扩张，并在扩张中不断发展完善。“化”在很大程度上就是指道德教育。因此，我们可以说，在文化庞杂复杂的体系中，德育居于核心地位，其他文化组成部分都要依赖于德育的存在而存在。第三，德育是文化的灵魂。文化对于人的最终价值在于赋予人特定的生存和生活方式，决定着人的价值观、人生观，规定着特定群体的大致走向。德育的最终目的在于帮助人们树立正确的价值观、人生观，赋予人们生存和生活的能力和素质。从这个角度看，德育是文化的灵魂，德育决定着文化根本价值的实现。

由此可见，现代德育体系的建设离不开文化的土壤，必须扎根于文化战略之中，凸显文化对于德育的重要价值，在德育课程设置、德育方式方法、德育模式等方面，都要以文化为本。文化战略不仅能够通过建设核心价值体系、弘扬传统文化，增强民众凝聚力，更能够在传承和交流过程中，把握先进的时代内涵，使人们在变化莫测的经济社会竞争中始终坚定前进方向，并提供一种稳定的精神归宿。

文化战略的构建，绝不能等同于政治、经济发展战略的制定，而应该是具有全局性、前瞻性、长远性意志的体现，这是由文化的特质决定的。文化战略的形成，不能依靠政治动员，也不能仅仅停留在说教式的口头上，更不能受到眼前利益的驱使。文化战略对于社会具体行业、具体部门来说，具有普世性，对经济而言是文化经济，包括文化产业发展、文化创意、文艺创作等；对农业而言，则构成独具特色的农业文化；对高校德育，则要求建立一种适应文化战略发展的新型大德育体系。

（二）对高校德育体系进行文化重构的可行性

文化与德育的契合点在于根本目标的一致性。文化是本质，德育是外在实现方式。所以，对德育体系进行文化的重构是完全可能的。但是，这是理论上的推论。在实践中，德育的文化重构却要困难得多，主要是来自政治、经济领域的干扰。

文化是人的存在方式，人只有根植于特定文化中才能称其为人。人的全面自由发展是文化的根本追求。抛开政治化德育带给我们的误区，从德育的文化属性来看，德育的出发点不是禁锢人的思想、限制人的自由，而是把人的存在方式通过增强人的能力和素质赋予人。可以说，人类通过种族繁衍的方式实现肉体的延续，人通过德育的方式实现精神的延续。

文化和道德都具有相对稳定性。在道德内容不变、文化保持原样的环境下，德育体系的转变几乎是不可想象的。这说明，文化转变是进行德育体系转变的前提，德育体系转变、德育方式的转型，都必须根植于文化战略之下。这是文化战略和德育的又一契合点。

当前，我们倡导“和谐文化”，追求可持续发展，坚持以人为本的理念，这要求德育体系进行相应变革，以适应文化的要求。德育脱胎于文化，成为文化传承和发展的重要手段，具体表现在德育具有文化的批判和文化传递的功能。

所谓德育的文化批判功能，就是德育根据其根本价值和目标，为实现人的全面自由的发展，对社会文化现状进行分析，对社会运行进行评价，对人们的精神状态做出肯定性和否定性的评价，倡导社会主义核心价值体系，从而引导社会文化向健康方面发展。

在文化战略背景下，我们应该站在德育文化源泉的立场上，进行德育体系的重建，给德育赋予浓郁的文化色彩。当然，这里的文化是指文化战略要传承和发展的文化，是国家的主体文化。

二、高校德育体系的建构

（一）德育目的体系的构建

1. 交往德育的目的

近代以来，随着高校由社会的边缘走向社会的中心，德育问题就与许多的政治、经济、科技问题有交织、重合之处，彼此不能明显地区分开来。这是整个社会有机体进步发展的表现。但是，由于工具理性的泛滥和科技主义的盛行，系统领域严重侵蚀了德育的独立性，致使德育不能按照自身的特点进行发展。德育目的总是受到政治的、经济的、科技的因素制约。

传统理论认为，德育目的就是德育活动预期的结果，是德育活动所要生成或培养的品德、人格。这是德育的核心问题。那么，什么才是交往德育的目的呢？交往德育的目的，简单地说，就是培养学生的交往品质，引起人生的觉解，达到新的更高的境界。其根本点是达成富有道德自主性的主体间性交往，创造美好而真诚的生活。为了达到这一目的，关键是要将发展主体间的交往关系、发展道德觉解力和激励做出有道德的交往行为统一起来。如何通过交往，把道德知识、道德规范内化为道德情感，进而成为道德习惯，在生活世界中履行道德，赋予每一个个体生成、共享交往的价值观、道德原则和行为规范等，这就是交往德育的核心任务。也就是说，高校德育必须是社会发展需要与个人发展需要的统一，强调德育的根本目的在于改善人的精神生活，培养健全的人格，形成道德责任感和义务感，实现人性的真正解放，使人成为既具有明确的生活目标、高尚的审美情趣，又能创造和懂得生活的、不断实现道德觉解和追求精神完善的自主的人。

加强德育与现实社会和与学生之间的联系，不是交往德育的最终目的。交往德育与交往紧密相连，交往是实现交往德育的重要手段，也是其主要内容。但是，交往德育的目的却不是仅仅局限于满足学生的交往需要，而在于培养“人”，创造一种高于现实生活的美好而真诚的生活，追求生活世界的意义和价值。

由此可见，德育的目的不在于灌输道德知识，而在于启发交往理性，认识生活世界的价值和意义，发展完善个体道德人格、提高道德交往的能力和培养道德习惯。交往理性的培养，是交往德育目的的重心。接受道德教育的目的，应该是更好地交往和生活，这种观念比起认为德育应该以追求知识本身为目的的观念，可能更有市场。

德育应该教人学会与他人共同生活，能理解他人，平等地对待他人，能和谐地处于生活世界之中。

2. 两种需要反思的德育目的论

（1）社会本位的德育目的论

在现代社会越来越以政治、经济和科技发展为主导价值取向的前提下，德育逐渐演变为“社会的德育”。这是德育的一种社会价值的取向，也就是社会本位的德育目的论。

社会本位的德育目的论的主要特征是，从社会整体利益出发来界定德育目的，它以社会的政治、经济、文化、科技、军事等发展的需要作为高校德育的出发点和归宿，单纯地以一定社会发展的需要来要求德育，设计德育活动，从而规定大学的人才培养模式。社会发展的需要和要求是高校德育的指向标，高校德育仅仅是社会发展进步的外在责任的外适性反映。该理论认为，德育需要根植于社会，以社会价值为中心，从社会的发展中寻找动力和支持。德育的价值就在于满足社会发展的需要，促进社会的进步。

社会本位的德育目的论的合理性在于确立了德育的重要使命之一——个体的道德社会化。它的缺点是：其一，社会本体位论对社会的看法过于理想化，充满着幻想，认为社会利益的实现最终将导致人们道德水平的提高；其二，在德育过程中容易导致外在压力对个体的强制。

（2）个人本位的德育目的论

与社会本位的德育目的论不同，个人本位的德育目的论认为，德育的目的应该是以个人价值为中心，应该从受教育者的道德本性出发，依据个人自身完善和发展的精神需求来构建高校德育体系，个体的生存价值和生命质量的提升，是德育的目的追求。

个人本位的德育目的论在古希腊雅典的道德教育中就已经存在。亚里士多德在其思想中，将教育的重心由培养“城邦”国家的公民转向了个人的人生幸福，教育的最高目的是为正确享受闲暇做准备，确保当生活的实际事务受到适当的注意时，灵魂能看到神的幻象，并从中得到最大的幸福。伴随着近代文艺复兴运动，个人主义开始在政治、社会生活中成为主流的理论形态。在德育方面，首要目的不是谋求国家利益和社会发展，而在于发展人的理性和个性，使人成为真正的人。人的道德人格的完善成为德育的最终目的，将人从社会发展的束缚中解放出来。

个人本位的德育目的论具有反对德育方法上的强制灌输的积极意义，但是在德育目的上对个人强调过多，会引起德育中的相对主义，最终有可能会取消德育。德育应该反映个人的价值追求和个性的发展，但是，离开了社会生活、离开了社会目的，去追求个人目的的德育，就只是空中楼阁。

从我国传统德育发展的历史来看，个人本位的德育几乎不存在，德育目的总是受到政治、经济、伦理目的的过渡影响。因此，当今我国的德育应该鼓励适当的个人本位的德育，给德育以相对独立的地位。

（二）德育内容体系的构建

1. 德育内容体系构建的原则

（1）人本性原则

这是相对于传统的知识化德育倾向而言的。知识化倾向认为，德育内容是科技型知识，或者是关于道德的知识体系，包括对事实的认知、关于道德的实践的知识等，不必考虑学生的兴趣和个性。具体表现为，在德育过程中，将高校德育看作知识来传授，受“知识逻辑”的控制，知识是统治者，学生是盛装知识的“容器”，教师是进行知识宣传的工具。也就是说，知识是中心，教师是工具，学生被边缘化，为知识本身而掌握知识或追求知识。

出现知识化倾向的原因有两个方面。一是知识本身是人们想要获得的东西，这是内在的根本原因，毕竟德育需要道德知识的获取。二是知识是为了达到个人幸福、社会利益所必不可少的，这是外在的原因。把道德与对知识的掌握和追求如此紧密地联系在一起会过度限制德育，因为在德育过程中，塑造学生的人格、促进学生道德人格的完善和提升，与灌输知识一样重要，从长远来看，是更加重要的方面。

交往德育的内容要超越知识化德育，其重要特征是不断推展延伸对思想本身和精神生命交往的关注，不过分依赖和迷信文本。交往德育传达的应该不是人云亦云的声音，不是抽象的程式化的结论，也不是枯燥深奥的理论知识，而是通过师生之间思想的碰撞和相互启发、深入的交往而获得关于生命体验以及对人的精神进行反思的能力。

（2）生活化原则

这是相对于政治化的德育倾向而言的。灌输德育侧重于向学生灌输价值，表现为一种教条。

灌输德育中也存在德育的内容。例如，社会基本道德品质的教育、文明习惯和行为规范的教育等。但是，普遍存在着泛政治化倾向，尤其是在公民道德或者政治道德品质的教育和高层次的道德理想教育中，政治意识形态教育比重过高，道德教育的内容不足。与此教育方式相对应，对学生的批判和反思能力的培养，始终没有引起足够的重视，结果是学生先入为主，一概反对，一切怀疑，走入极端。道德教育被政治因素冲淡之后，加上学生的消解，德育效果就微乎其微了。实际上，我国的德育内容往往是以绝对真理的形式呈现出来，这无疑会引起高校学生的反感。这样，会对学生的价值判断能力、创新能力、自我觉醒能力起到很大的抑制作用。

灌输德育对关于道德的知识，对政治的、经济的、社会的问题，对思维过程本身过分关注，却不够关心学生的道德交往和能力的培养，造成了学生道德的被动性和消极性。与此同时，由于学生没有较多机会感受自身拥有影响或作用于环境的能力，以及把握自身的能力，缺乏价值判断意识、交往意识、自我意识，最终对道德问题失去兴趣。

交往德育把德育过程看作学生在教师的价值激励下的道德生成和内化的自由交往和自主建构的过程。德育内容实际上就是价值激励及生成和内化的内容。而价值激励和内化都不能离开德育主体。因此，德育内容的选择要从德育主体的实际品德、身心特点出发。

2. 德育具体内容的构建

根据德育的目标体系，德育内容体系应由以下几个方面组成。这几个方面相互影响、相互制约，形成了一个辩证的统一体。

第一，思想道德教育。思想道德教育是德育的基础教育。它首先包括世界观、人生观和价值观的基本理论和实践教育。其次包括成才教育、爱国主义教育等。现阶段，为了更有效地培养受教育者马克思主义的科学世界观、为人民服务的人生观和集体主义的价值观，要从德育具体目标、从受教育者的思想现状出发实施教育内容。这种教育效果的原则性，也是德育思想上的一次转折。在强调“三观”教育的基础上，实施正确的成才观教育和爱国主义教育，是必不可少的重要内容。实际上，“三观”教育的效果，在某种程度上体现在一个人的成才观和爱国情感方面。

第二，形势政策教育。形势政策教育的出发点和归宿点，是紧密结合国内外重大政治、经济形势的发展变化，联系受教育者的思想实际，用真实可信的材料、生动丰富的知识，教育学生理解党的路线、方针、政策，认清形势，明确任务，自觉地坚持四项基本原则。因此，形势政策教育不仅要时刻把握国际国内重大政治、经济事件，而且要注重教育方法和手段。

第三，社会实践教育。接触社会，参加社会实践，是行之有效的德育渠道。它能够使大学生广泛接触社会，体验和了解中国的国情，从而真正消化党的路线、方针和政策，增强报国之情；通过开展社会实践活动，可以进一步提高学生服务社会的能力、理论联系实际的能力、灵活运用知识的能力；通过社会实践活动，学生能够广泛接触各阶层的人民群众，开展为人民服务的活动，从而在实践中检验自己的人生观和价值观。

第四，文化艺术教育。将文化艺术当作德育内容，在我国德育史上一直有不同的看法。究其原因，还是德育目标问题，即德育以培养什么样的人才为目标。在注重能力培养，加强素质教育的今天，把培养学生的人文素质、艺术修养、审美情趣等纳入德育内容体系，具有特殊的意义，它不仅是内容，也是目标。

第五，心理素质教育。现代教育必须重视对受教育者心理素质的教育，以提高受教育者的意志独立能力、社会适应能力、心理承受能力。

（三）大德育评估体系的构建

1. 高校德育评估的含义及其作用

所谓高校德育评估，是指根据高等学校德育目标，通过系统收集德育工作的各种信息、数据，对高校德育工作状况和客观效果做出评价、判断、分析、反馈，以促进提高德育工作水平和效果的过程。它不仅仅是对德育主体的考察，而且包括对德育环境、德育方式方法、德育短期目标的评估，是一个综合的系统。

德育评估体系的作用主要体现在如下三个方面。

第一，有利于高校加强德育系统建设，为德育建设把关，不断地提高高校德育建设的水平，发挥高校在社会整体德育建设中的示范、辐射作用。

高校德育是社会整体德育建设的重要组成部分，是社会德育的重要阵地。高校的德育建设抓得好，不仅对广大师生员工是一种潜移默化的熏陶和良好的养成教育，而且对高校的改革和发展将会起到强有力的促进和保证作用，会对整个社会的道德建设起到示范、辐射作用。

德育评估是高校加强德育建设的依据。通过评估，联系社会上存在的一些不良思想的影响和侵蚀，联系高校学生个体和群体存在的一些倾向性问题，结合高校精神文明建设面临的形势和机遇，审视高校在社会整体德育建设中的地位和作用，提高对道德建设的重要性、紧迫性的认识；联系高校实际，加强领导，精心组织，发挥优势，注重建设；通过德育评估，高校应着力把握好各种专业课教育与德育的关系，从大局着眼，从小处着手，既重视思想教育、教学管理、道德培养、校风建设等软件建设，又要注意优化环境，加大德育经费投入等硬件建设，切实做到软硬件配套，互相协调发展。

第二，有利于培养德育主体（主要是指高校学生）创造性地适应社会的能力，培养德育主体的交往能力，以及追求更高层次的精神生活的能力。

高校的德育是对高校学生施以全面的思想、政治和品德教育，对其健康成长具有导向、动力和保证作用，而且这种作用应该在高校学生走向社会后仍产生影响。今日的大学生，要想在社会主义市场经济中生存并且有所作为，就必须具备坚定的政治信念、厚实的专业知识和良好的心理素质。政治思想是立志的基石，专业知识是立身之本，良好的心理素质是调节器，三者缺一不可。高校德育评估要面对学生的人生实践，着眼于社会、着眼于未来，不断把握高校学生思想发展、成长的脉搏，适时强化，不断提高学生的政治思想道德素质。在高校德育工作中，要大力加强对学生进行社会主义核心价值教育，使他们明确政治方向；大力加强培养学生有关市场精神，主要是指竞争意识、创新意识、不断进取的精神，以使学生将来能适应市场经济对人才的要求；大力抓好社会公德教育和职业道德教育，培养学生基础文明素质和敬业精神，以使高校学生在社会大舞台上能胜任社会期待的角色。高校德育评估，不仅是对学生即时引导、教育和规范，更是着力于教育的长效性、社会性，面向动态的社会发展，使学生学会更好地适应、生存和发展。

第三，有利于德育团队建设，不断提高德育工作水平和质量。这主要是对于德育工作者而言的，包括德育教师、高校领导、高校德育环境等方面。

高校德育评估包含对德育团队的评估。为保证德育工作落到实处，要优化结构，建设一支专兼结合、功能互补、政治坚定、业务精湛的德育队伍，并且对德育教师的界定，德育教师的培养、进修、待遇提出原则性意见。这为德育队伍的评估提供了参照。因此，德育评估在强化德育教师的事业心、责任心，加强德育学科建设，培养德育专家队伍，提高德育研究水平，保证德育工作的有效性等方面，都有积极的推动作用。广大德育工作者要更自觉地提高自身素质，追求德育工作水平的不断提高，以胜任时代赋予自己的神圣职责。

2. 德育评估体系构建的原则

德育评估是达成德育目的的手段，不是目的本身。评估主要是为了引导、检验、督促、改进和提高德育工作的效果。所以，建立大德育体系的评估体系，应该明确以下原则。

（1）实体性原则

这主要是针对当前德育评估中存在的一些问题而言的。目前，高校德育存在弱化现象，对德育建设不够重视，甚至存在着德育可有可无、德育是空洞说教的错误观点。如此，德育评估就变成了形式，仅仅是走走过场，德育评估依附于其他评估系统之中，没有了独立的地位。因此，构建大德育评估体系，首先就是要确立德育评估的实体性原则，独立进行德育评估，将其与业务评估、学习效果评估区分开来。

（2）科学化原则

德育评估科学化，是指在德育评估过程中，以科学的理论作指导，按照科学的原则，采用科学的方法，使德育评估能够按照德育发展的规律进行。在设计德育评估体系时，要考虑到思想道德教育自身的科学规律、德育主体身心发展的规律和德育自身的科学规律。

（3）独立性原则

独立性原则有两个方面的意义：首先，是德育评估不受来自政治的、经济的、社会的、高校的影响，评估只需要按照体系的要求独立地进行，而不必考虑来自外界的干预；其次，是指德育评估应该从对德育主体的业绩、学习成绩的评估中独立出来。目前，在高校德育评估中，德育评估主要依附于对德育工作者业绩的评估和对高校学生学习成绩的评估；并且主要是业务评估服务，缺少独立的评估体系。

（4）可操作性原则

评估体系必须有可操作性，做到评估指标尽可能量化，有客观的评估尺度，使得评估体系具有可比较性。这是技术层面的设计要求，也是德育评估一直存在的问题。

（5）公开、民主的原则

德育评估必须在公开、透明的环境下进行，这样才能保证德育评估的权威性。

3. 大德育评估体系的模式构建

（1）对德育工作者的评估

对德育工作者的评估包括高校是否贯彻执行国家有关德育的法律法规；高校德育制度是否健全，机构设置是否合理，领导体制是否顺畅；德育职能部门、实施部门是否职责明确、积极工作、密切配合，学校其他部门是否主动参与，能否真正做到齐抓共管；教书育人、管理育人、服务育人能否落到实处。

（2）对受教育者的德育考评

德育考评是指对大学生的思想、道德、心理素质、交往能力等方面所做的考核和评价。通过考评，能够全面了解和衡量大学生的思想道德状况及其发展水平，因此它是德育评估的核心内容，是高校德育的重要环节。

对高校学生的德育评估是德育评估的中心环节，有其特殊性和复杂性。在对德育对象评估中，大学生的个体或群体特征和面貌，不全是学校德育的结果；由于人的成长受多种因素制约，学生的思想认识与外在行动表现、动机和效果容易出现不一致；学生还处在世界观、人生观、价值观形成时期，受地点、时间、角色变化的影响，往往会出现不同的思想和行为，使对其评价不易定位。然而，对德育对象的评估又是德育评估中的主要着力点，其他方面评估是为其服务的。这就要求建立大德育评估体系时，必须建立科学、合理的高校大学生德育评估指标体系，采取动态与静态相结合、定性和定量相结合、全面考评与重点考评相结合、教师考评与学生自评相结合，把教育贯穿评估始终。在此基础上激发学生参与的积极性，引导学生自我教育、自我评价，促其不断进步。

（3）对德育效果的评估

其主要内容应该包括：①高校整体氛围的评估。主要包括校风建设、学风建设、学校领导、教师的榜样作用等。现代社会，高校已经与社会政治、经济、科技、生活密切地联系在一起。但是，高校不能因此就丧失自身的特性，大学精神的弘扬是当今高校面临的最主要的课题之一。在设计德育评估体系时，要考虑到高校整体的氛围是否有利于德育的进行。②社会对高校毕业生的评价。这是一个难度很大，但是非常客观的标准。高校学生始终是要走向社会、服务于社会的，其道德教育的效果是否理想，最终要接受社会实践的检验。可以通过社会组织对高校毕业生的政治素质、交往能力、工作态度、合作精神、工作作风等的间接评价，来评估高校德育的效果。

（4）对德育措施的评估

第一，德育方式的评估。包括显性课程和隐性课程的设置是否合理、德育专业课程设置情况、高校社团开展道德教育状况、道德教育实践活动等。第二，德育投入的评估。包括德育投入计划是否明确而合理、经费来源是否具体、德育投入能否得到落实。

第五章　中华优秀传统文化与高校德育工作融合实践探析

第一节　中华传统孝文化融入高校德育工作的路径

一、确保科学的融入内容

（一）坚持融入内容的思想性引领

所谓坚持融入内容的思想性引领，就是坚持马克思主义的指导地位。马克思主义作为一种科学的世界观和方法论，在中国特色社会主义全方位的发展过程中起到引领性作用。

中华传统孝文化融入大学生道德教育的过程中必须以马克思主义为指导思想，立足于我国当前社会发展的需要，探索贴近生活、服务生活、具有实际操作性的融入路径。只有这样，中华传统孝文化的德育价值才会尽可能充分地被挖掘和发挥。

首先，马克思主义引领中华传统孝文化融入大学生道德教育的内容，是因为马克思主义本身具有科学性和革命性。简言之，用马克思主义的立场、观点和方法能够用扬弃的眼光辩证地看待中华传统孝文化在大学生道德教育中的价值，从而对传统孝文化进行批判的继承和发展。因此，用马克思主义引领中华传统孝文化融入大学生道德教育的内容，可以确保融入内容的科学性和正确性。

其次，根据马克思主义理论中事物的普遍联系原理，在批判地继承和发展中华传统孝文化的同时，可以使孝文化沿着科学、正确的方向指导大学生道德教育的具体实践活动。只有这样，中华传统孝文化才能实现源源不断的可持续发展，而大学生道德教育也可以以此为切入点，获得更多的教育素材。

最后，在中华传统孝文化融入大学生道德教育的过程中，其融入的内容要始终能够体现时代性和社会性，而要达到这一效果，必须而且只能坚持马克思主义的指导，因为只有以马克思主义为指导的道德教育才具有科学性和革命性，并且只有以马克思主义为指导的中华传统孝文化才是符合时代发展的文化。

因此，坚持马克思主义的指导地位，无论对中华传统孝文化的批判继承还是对大学生道德教育的实践都是大有裨益的。

（二）提高融入内容的创造性转化

所谓创造性转化，就是要按照时代特点和要求，对那些至今仍有借鉴价值的内涵和陈旧的表现形式加以改造，赋予其新的时代内涵和现代表达形式，激活其生命力。简言之，创造性转化是对思想内涵和表现形式进行的双重转化，也就是说，对至今仍然具有借鉴价值的思想内涵通过创作和改造后能符合社会发展的需要，而那些不符合时代发展的陈旧的表现形式需要对其进行转化，使其迎合时代发展的趋势。

因此，提高中华传统孝文化融入大学生道德教育内容的创造性转化，首先需要了解和掌握孝文化的内涵和表现形式，然后根据社会发展需要和时代潮流对其进行有针对性的选择。中华传统孝文化融入大学生道德教育内容的创造性转化，从其根本上来说就是要充分挖掘和发挥中华传统孝文化自身的时代价值，从而更好地进行大学生道德教育活动，满足时代需求。立足于社会发展，是中华传统孝文化融入大学生道德教育内容实现创造性转化的现实依据和根本准则。然后在中华传统孝文化原有内涵的基础上，以大学生道德教育的现实需要为依据，以创造为转化路径，以实现中华传统孝文化融入大学生道德教育内容的转化为目标，以更好地发挥中华传统孝文化在大学生道德教育中的价值为宗旨，通过自身原有条件与现实需要相结合，以及目标指向和实现路径的双向互动，就可以实现中华传统孝文化融入大学生道德教育内容的高效转化。

（三）推动融入内容的创新性发展

所谓创新性发展，就是要按照时代的新进步新进展，对中华优秀传统文化的内涵加以补充、拓展、完善，增强其影响力和感召力。从对象来看，创新性发展针对的是中华优秀传统文化的内涵，这种内涵包括构成元素、核心价值、主要特征、重要理念等方面的内容。相较于传统造型转化而言，它的内涵的范围更加宽泛。从其最终目的来看，创新性发展旨在通过不断的创新，使中华优秀传统文化的内涵得到更深层次的丰富和发展，能够实现中华优秀传统文化的更高发展。从整个过程而言，它实现了从无到有、从有到新、从单一到丰富。

因此，对中华传统孝文化融入大学生道德教育内容的创新性发展，首先需要厘清中华传统孝文化的内涵，然后根据新时代发展的要求为其注入新的时代内涵、时代价值和时代作用等方面的内容。这样一来，一方面增加了中华传统孝文化的竞争力，提升了中华传统孝文化感染力；另一方面使中华传统孝文化融入大学生道德教育的内容更加丰富和完善，也更加符合时代发展的需要。

所以，要想实现中华传统孝文化的创新性发展，就要充分掌握中华优秀传统文化的内涵，这是实现创新性发展的基础和蓝本。在此前提下，充分发挥创新的能力，通过不断创新实现文化发展，而且这种发展要以马克思主义为指导，以服务人民、奉献社会为目的。只有这样，才能早日实现中华传统孝文化的创新性发展。

二、拓宽丰富的融入渠道

（一）融入理论教学课堂

思想政治理论课是开展大学生道德教育的主渠道。高校利用好这个主渠道，守好一段渠、种好责任田，将中华传统孝文化融入大学生道德教育的教学课堂中，能够加强大学生不断深化对中华传统孝文化的认知和认同，增强对孝文化的传承和发展。

首先，在高校思想政治理论课中要适当地加入中华传统孝文化的知识，具体而言，如在《中国近现代史纲要》中，可以将中华传统孝文化的历史演进过程与中华人民共和国成立的过程联系起来，使大学生深刻了解到中国近代历史的同时增强责任意识和爱国情感。

其次，教师要根据当代大学生发展的规律和成长的特点，提升思想政治理论课的亲和力。教师在课堂教学活动中要采取多种新颖的教学方式，调动学生的积极性和主动性，不断满足大学生成长的需要。

最后，理论教学的内容要贴近生活、贴近时代、贴近社会发展的趋势。在讲述中华传统孝文化的相关内容时可以选择大学生感兴趣的身边的实际事例，这样也会提高中华传统孝文化融入大学生道德教育的效果。

（二）打造网络教学阵地

中华传统孝文化作为一种符号化的语言，在其融入大学生道德教育的过程中必须借助一定的载体才能够更好地传播，进而扩大影响力，渗透到社会各个领域。

当下，随着各种新兴媒体的发展，网络深刻影响着人们的思维方式、思想观念和行为模式，优秀传统孝文化融入大学生道德教育的传播也应该与时俱进，借助更丰富的文化载体，使孝文化融入大学生道德教育且得到更广泛的传播。比如，建设孝文化融入大学生道德教育专题研究网站，以传播孝文化与大学生道德教育为主题，定期更新内容，以身边的时事和事实为素材，深入挖掘孝文化的价值，使孝文化的传播更接地气。也可以利用微信公众号、微博等社交软件，发布和刊载有关孝文化融入大学生道德教育的知识，既符合大众当前获取信息的习惯也可以更好地发挥言论自由，了解大众的需求，使孝文化融入大学生的传播更精准。还可以通过孔子学院这种国际传播方式，传播孝文化的普世价值，传达中国人民热爱和平、构建和谐世界的意愿，让孝文化走出国门，走向世界，成为中华民族的一张名片，同时，使国内外的大学生都能受到文明道德的熏陶。

（三）开展多种实践活动

中华传统孝文化融入大学生道德教育的活动符合新时代实现中华民族伟大复兴中国梦的要求，更是体现了中国特色社会主义核心价值观的践行，是建设社会主义文化强国、增强文化软实力、不断提高大学生道德素质的重要举措。

可以通过开展多种实践活动，促进其融入的效果。比如，开展中华传统孝文化融入大学生道德教育与旅游文化相结合。随着人们生活水平的提高，旅游文化作为新兴的文化产业备受青睐，这就为中华传统孝文化融入大学生道德教育的发展提供了“嫁接”机会。我国大量历史悠久的名胜古迹中包含着浩如烟海的孝文化信息，很多古建筑物上都刻着家规家训的内容，还有很多的民族和村落中保留着祠堂、牌坊、墓碑等用来记录祖先优良品德的历史遗迹，这些都可以作为对大学生进行孝文化教育和将孝文化融入大学生道德教育的鲜活素材。

三、打造雄厚的融入师资

（一）优化教师队伍知识结构

中华传统孝文化融入大学道德教育的活动过程，其实质也是一种大学生道德教育优化升级的过程。这个过程要靠构建一个中华传统孝文化融入大学生道德教育的师资队伍来完成。

首先，培养认同和践行中华传统孝文化融入大学生道德教育工作的教师队伍，只有自身对这项工作肯定的教师才能成为中华传统孝文化融入大学生道德教育的传播者和组建者。为实现这一目标，我们可以组建一支专门的中华传统孝文化融入大学生道德教育的师资队伍，然后对其进行专门的培训，为融入工作奠定良好的基础。

其次，优化中华传统孝文化融入大学生道德教育工作的教师队伍结构，需要我们选拔不同的学科专业、不同的年龄教龄、不同的学历程度的教师来实现。这样就可以达到中华传统孝文化融入大学生道德教育的师资是一支年龄结构平衡、学科知识不断补充、学历层次突出的队伍。

最后，要对所有的中华传统孝文化融入大学生道德教育的师资进行新时代大学生道德教育方式方法的培训。第一，从思想上，通过理论灌输将中华传统孝文化与大学生道德教育的理论知识结合起来贯穿到师资队伍的培训教学过程中，提升他们对中华传统孝文化融入大学生道德教育的专业认知，使他们能在教学过程中更好地向受教育者传递中华传统孝文化与大学生道德教育价值与功能。第二，运用理想信念的作用，使中华传统孝文化融入大学生道德教育工作的师资队伍树立坚定的理想信念，毫不动摇地践行社会主义核心价值观，用马克思主义指导自己的教学活动。第三，为确保中华传统孝文化融入大学生道德教育的师资队伍质量始终如一，就需要采取一定的措施，比如，对工作质量、教学成绩进行阶段性综合考核评价，以制度确保质量，提升教师队伍的水平。

（二）提高教师队伍育人素质

对中华传统孝文化融入大学生道德教育工作的师资进行知识结构方面的优化，是打造中华传统孝文化融入大学生道德教育雄厚的师资队伍的基础，作为理论层面的措施最重要的是落实到实践中，被实践检验。这就要求中华传统孝文化融入大学生道德教育工作的师资队伍开展具体的实践，以切身体验增加对融入工作的直观感受，进而激发自己对融入工作的激情和热情。

比如，对全体中华传统孝文化融入大学生道德教育的教师工作者开展“中华传统孝文化融入大学生道德教育的阶段性体验计划”，使每一位教师在参与融入工作期间，至少拜访一位知名的传统文化或大学生道德教育方面的学者，考察一次中华传统孝文化融入大学生道德教育的实况，近距离接触参与中华传统孝文化融入大学生道德教育活动的学生，然后将自己的心得体会和切身感受以书面化或口语化的形式记录下来，深化对中华传统孝文化融入大学生道德教育的归属感和认同感，不断提高大学生的文化素质和道德素质。

(三)提高教师队伍整体水平

师资水平良莠不齐，是制约中华传统孝文化融入大学生道德教育的重要因素，所以要提高教师队伍的整体水平。

第一，增强广大教师的责任感，使中华传统孝文化融入大学生道德教育的教师做弘扬传统文化、履行道德教育的践行者。也就是说，教师在传授知识的过程中履行的是一种责任，教师不仅只是学生学习的领路人，更应该躬身实践，深切履行中华传统孝文化融入大学生道德教育的责任。

第二，加强广大教师对中华传统孝文化的学习，深入挖掘中华传统孝文化融入大学生道德教育的可行性和必要性。比如，加强中华传统孝文化融入大学生道德教育工作中的教师按照《完善中华优秀传统文化教育指导纲要》的基本要义，通过加强对《中国思想史》《经典研读》《孝经》等传统文化著作的学习，系统了解中华传统孝文化融入大学生道德教育的现实依据和时代价值，以学校为中华传统孝文化融入大学生道德教育的平台，探索有效的融入途径，同时，提高教师对中华传统孝文化融入大学生道德教育工作的整体水平。

四、建立完善的融入机制

(一)政府出台融入的制度保障

公民道德建设是一个复杂的系统工程，要靠教育，也要靠法律、政策和规章制度。把中华传统孝文化融入大学生道德教育的活动，是我们在文化领域探索大学生道德教育的一个重要的实践开端，这个实践最终能否取得成功或者能否达到预期的效果，在很大程度上，制度保障是关键。而随着道德教育内容以及目标和要求的不断变化，作为保障机制的制度也要相应做出调整。

首先，提高中华传统孝文化融入大学生道德教育的制度的地位。长期以来我国高校以应试教育为主，对大学生的道德教育不够重视，导致了各种评价指标都是以成绩优劣为主要参考标准，这就直接造成了大学生道德教育的弱化地位。所以，我们开展中华传统孝文化融入大学生道德教育的实践，首要的工作就是提高大学生道德教育的地位，而最有效的方法就是政府出台相关的制度，强制保障中华传统孝文化融入大学生道德教育的实践。

其次，制定中华传统孝文化融入大学生道德教育的恰当的目标。高校在对大学生进行道德教育工作的过程中制定的德育目标过于片面化，忽视了学生作为受教育者的主体地位以及作为个体的独特性，基于此，我国培养的大多数大学生都普遍缺乏创新和创造的能力，不仅达不到大学生道德教育的效果，甚至会阻碍整个社会的发展和进步。因此，中华传统孝文化融入大学生道德教育的实践要制定恰当、准确的德育目标。

（二）学校组建融入的评价机制

高校作为大学生道德教育的主要基地，有一套系统完整的对大学生德育效果进行考核评价的机制。中华传统孝文化融入大学生道德教育的工作也需要学校组建融入的评价机制。比如，大多数高校都采取综合素质评价系统，以此来评选优秀学生。这种为了促进学生的全面发展而采取的评价机制，在很大程度上能激励学生积极主动地接受和践行道德教育，提高自己的整体素质。

学校组建中华传统孝文化融入大学生道德教育的评价机制可以从德、智、体三方面进行。“德”的评价机制主要是检验通过对中华传统孝文化融入大学生道德教育的实践，大学生是否提高了自身的道德修养和素质；“智”主要指大学生对中华传统孝文化和道德教育的基本内容、主要特征、现实作用等方面的了解和掌握；“体”则是指大学生在日常生活实践中对中华传统孝文化融入道德教育的践行程度和效果。

第二节　中华传统“仁爱”思想融入高校德育工作的路径

一、“仁爱”思想的主要内涵与现代价值

(一)“仁爱”思想的源本

“仁”在《论语》中出现了109次，其出现频率之高，足以说明孔子及其弟子对“仁”的高度重视与潜心研究。关于“仁”的内涵，许慎在《说文解字》中解释称：“仁，亲也，从人从二。”“仁爱”，即“仁者爱人”，可进一步阐述为爱亲、爱众、爱万物。

一是爱亲。“仁爱”的第一义就是爱自己的家人。孔子所讲的“仁爱”，首先是从爱亲开始的。当然，爱自己家人的同时也包括爱自己，古语有“身体发肤，受之父母”。每一个人从胚胎到长成人形，吸食母亲血液和营养方可长大，一朝分娩更是让母亲承担了生命之险，在整个成长的过程中无时无刻不在享受着父母给予的关爱。子女都是父母的精神支柱，承担着他们毕生的心血和希望。所以，爱护自己的家人，首先也要好好爱惜自己。中国古代把对待老人的深情叫“孝”，《论语·学而》称：“君子务本，本立而道生。孝弟也者，其为仁之本与!”即君子致力于根本的事务，根本建立了，治国做人的法则也就产生了。对长辈孝顺、对兄长顺从，是“仁爱”的基础，由此衍生出“百善孝为先”的古训。自古以来，中华民族非常重视孝道的践行，比如脍炙人口的二十四孝故事。由此可见，“仁爱”的第一要义——爱亲，备受大家的认可和推崇。

二是爱众。“仁爱”的第二义是爱与自己没有血缘关系的人。相较于上述爱自己的家人而言，爱众需要具备较高的道德品质。这是中国人

所追求和向往的。《论语·学而》讲到“泛爱众而亲人”，即要把身边的人当作亲人来对待。那么，如何做到将毫无血亲之人当作亲人来对待？孔子给出了爱众的具体方法。孔子学生问道：如果用一个字来概括一生操行、一生追求，应该用什么字？孔子回答：“仁”。弟子又追问如何做到“仁”？孔子答：“恕”。弟子追问：如何理解“恕”？孔子言：“己所不欲，勿施于人”。孔子与弟子的对话引出了忠恕之道，即对待他人的基本原则。自己不想要的，也绝不能强加给他人。在处理和他人的关系时，如能按照忠恕之道来进行，便会对他人多一份理解，达到一种和谐的状态。

三是爱天地万物。中华传统文化非常重视“仁爱”精神，提出替他人着想、帮助他人、珍爱生命、做到与天地万物和谐共处的要求。孔子说：“天生德于予”“人而不仁，如礼何？人而不仁，如乐何？”他认为人处世立身、做任何事情当以仁为依据和前提。我们所追求的君子人格的核心与前提基础便是有“仁爱”之心。《易经》说：“天行健，君子以自强不息；地势坤，君子以厚德载物。”“天行健”与“地势坤”都是天地之道，而“无私”则为天地之道的根本。

(二)“仁爱”思想的传承与现代价值

一是重视道德修养。中华传统文化历来重视人的道德品质修养，强调君子人格与圣人形象。“仁爱”思想是儒家道德体系的核心，蕴含着丰富的道德资源，在塑造人格方面发挥着不可或缺的作用。孔子提出“德之不修，学之不讲，闻义不能徒，不善不能改，是无忧也”，强调一个人的道德修养是最重要的，要提高自己的道德水平，完善人格。孔子还提出君子道者三，即“仁者不忧、知者不惑、勇者不惧”，将“仁”作为君子的基本品德之首。

二是厚植家国情怀。孔子强调的“君子”人格培养是通过人格教育和道德教育实现的。他指出“物格而后知至，知至而后意诚，意诚而后心正，心正而后身修，身修而后家齐，家齐而后国治，国治而后天下平”，强调人在成才之前要先做到成仁，成仁的基础是修身，身修而后才能治人、治国，进而实现天下大同。韩愈指出：“古之君子，其责己也重以周，其待人也轻以约。重以周，故不怠；轻以约，故人乐为善。”这与大学文化建设目标不谋而合。大学生要有“仁爱”之心，并以“仁德”为根本，养成良好的为人为学的品质，树立崇高的理想信念。孔子的“仁爱”思想在漫长的历史长河中对中华民族的进步起到积极作用，而今对大学生的道德行为仍具有十分重要的现实价值。

三是维系社会和谐。“仁”是贯穿孔子思想的核心，是最高的道德准则与行为追求。“人而不仁，如礼何？人而不仁，如乐何？”警示我们生而为人，必须有仁德与仁爱之心，才能立足于天地之间，俯仰无愧于天地。“不义而富且贵于我如浮云”，明确地阐述了生而为人应该树立“义”大于“利”的价值观，不符合道德规范之事，即使可以使我们获得非常高的利益，也是万万不能做的。“君子喻于义，小人喻于利”，与社会主义核心价值观遥相呼应，不失为促进社会和谐的一剂“良方”。

四是崇尚自然观念。中华传统文化的核心价值观强调的“自然”还包括天地万物的运行规律，并把对事物自身规律的把握程度作为衡量社会发展是否合理的标准。顺应自然规律的观念可以为当代社会发展的诸多方面提供遵循和借鉴。

二、“仁爱”思想融入高校德育工作的必要性

（一）多元文化背景下大学生道德素养培育面临的挑战

近年来，我国大学生道德建设的实践取得了显著成就。有研究表明，大学生群体具备较高的道德素养和优秀的道德认知及道德行为表现。但是，我国高校的德育工作效果仍不容乐观。市场经济带来大发展的同时，也对价值观产生了一些冲击。开放包容的网络环境下，良莠不齐的思潮与文化产品涌向大学生的日常生活中，以危害意识形态安全为目的的民族虚无主义、历史虚无主义、享乐主义、拜金主义等正在悄无

声息、潜移默化地戕害大学生群体。大学生群体的明辨是非能力没有完全建立，在面对诱惑时不易做出正确的抉择。大学生群体的局限性使得高校的德育工作面临很大挑战，有待进一步完善和加强。教师在高校德育工作中承担着重要的角色，是培养学生道德素养与道德行为的主力军。一线教师作为与学生直接接触的群体，其一言一行都会对学生产生潜移默化的影响。所以，为提升大学生的道德素养，应该提升教师对高校德育工作的重视程度。高校德育工作的推进和“立德树人”目标的实现任重而道远。

（二）“仁爱”思想融入大学生道德素养培育的理论依据

儒家“仁爱”思想由孔子提出，并经过孟子和荀子等思想家进行传承和发展。孟子基于“仁爱”思想，提出了“仁政”思想。孟子提出统治者应勤政爱民，天下能被治理好的前提是对百姓施以仁政。继孔子和孟子之后，荀子进一步发扬“仁爱”思想。荀子认为，“仁爱”思想包括爱人和爱民两个方面。爱人指的是每个人在对待彼此时相互关爱；爱民指的是在对待人民时没有等级差异，所有的人民都应该被当作施爱的对象。

中国共产党历任领导集体都对青年的思想道德素养的培育工作予以高度重视，从多方面阐述了大学生的思想政治教育工作，指出对大学生的培养要抓好爱国主义教育、集体主义教育以及社会主义教育，强调开展中华民族优秀传统文化的教育和中国近现代史的教育。因此，可以将“仁爱”思想与大学生道德素养培育工作结合起来。

（三）“仁爱”思想对大学生道德素养培育的意义

康德在《实践理性批判》一书中写道：“有两样东西，我对它们的思考越是深沉和持久，它们唤起的惊奇和敬畏就越历久弥新——我头顶上浩瀚的星空和我心中的道德法则。”儒家文化所倡导的道德原则及其所制定的道德条目对完善道德素养教育具有重要的指导意义。

儒家文化是中华传统文化的重要组成部分，而“仁爱”思想是儒家文化的核心，是民族精神的源泉。孔子一生都致力于教人以学，不仅教导学生修身养性，还教导学生为人之道。“仁爱”思想为思想道德素养的培育提供了积极的借鉴。文化对人的影响具有潜移默化和深远持久的特点。校园文化作为一种群体文化，包含精神文化、行为文化、制度文化等多方面的内容。学校的育人方式以知识教育为主，以校园文化的塑造为辅。所以，营造一种积极的富有“仁爱”底蕴的校园文化对锤炼大学生的道德意志品质、优化大学生的道德行为具有重要作用。深入挖掘儒家“仁爱”思想的德育功能，并将其进行创造性转化与创新性发展，能够丰富大学生道德素养培育理论，对高校道德素养培育工作具有重要的理论价值。将“仁爱”思想的德育功能挖掘出来，并将其融入大学生的道德素养培育过程中，对帮助大学生形成君子人格、约束大学生的道德行为、丰富他们的精神境界十分必要，对提升大学生道德素养培育的效果和高校德育工作的实效性具有深远的现实意义。

三、“仁爱”思想融入高校德育工作的路径选择

（一）将“仁爱”思想嵌入师德师风建设规划

用“仁爱”思想涵育大学生道德素养，从而提升高校德育效果，首先应该建设一支具有“仁爱”思想的教师队伍，将“仁爱”思想融进师德师风建设的整体规划。

第一，纳入培养目标。把“仁爱”思想中的亲亲之爱、忠恕之道和恻隐之心的思想精髓凝练并具体化地写进教师培养目标，为广大教师群体提供思想源泉，设定理想人格，明确目标追求，通过正面的教育和侧面的文化渗透，引导教师树立“仁爱”思想，塑造理想化的君子人格，使“仁爱”思想得以传承。

第二，纳入培训计划。“仁爱”思想包含爱亲、爱众、爱天地万物、重义轻利、克己复礼、忠恕之道、立人达人等诸多元素。高校可以参考以上元素，结合本校实际，制定相应的师德师风培育课程，并开展讲座

培训，从多角度加深对“仁爱”思想的解读。学校在开展以“仁爱”思想为主题的讲座活动时，可以开展座谈会与交流会，令教师各抒己见、集思广益，在交流中不断提升“仁爱”素养。

第三，纳入考评体系。建立合理的、可操作的师德考评体系是加强师德师风建设的一项重要举措，也是实现外在他律和内在自律的重要途径。把“仁爱”思想中的道德准则和行为规范纳入师德师风考核评价体系中，有助于从制度层面推动“仁爱”思想在高校的涵育功能，提升师生道德素养。

（二）将“仁爱”思想融入大学文化建设

第一，开拓以“仁爱”为主题的学习活动。首先，形成好读书、读好书的风气，引导大学生多读经典著作、多读圣贤之书，养成知书明理的气质。高校可以结合本校实际，采取多种方式为学生提供全方位的教学体验，促进学生“仁爱”观念的形成。

第二，打造“仁爱”文化环境。从加强校园景观设计入手，令“仁爱”思想成为校园文化之魂。在校园适当位置设立具备“仁爱”思想的典型人物雕像，在教室、走廊等处所布置具有“仁爱”思想的古诗词、名言警句、人物事迹等，使学生在不知不觉中感受“仁爱”思想的熏陶。

第三，开展以“仁爱”为主题的校园活动，提升学生的“仁爱”体验，锤炼学生的道德品质。将“仁爱”思想融入校园活动中，以学生喜闻乐见的文化形式，丰富校园生活，弘扬“仁爱”思想。另外，可以开设校内和校外相结合的“仁爱”主题实践活动，使学生在与他人交往的过程中培养“爱亲、爱众、爱万物”的良好品格，真正地将“仁爱”思想外化于行，形成具有高尚道德素养的优秀大学生。

（三）将“仁爱”思想列入教育教学研究体系

传承优秀传统文化是高校思想政治教育工作的重要内容。用“仁爱”思想涵育高校师生道德素养，需要积极引导教师群体进行“仁爱”

思想理论研究，并通过“仁爱”思想促进师生道德素养建设实践。

一方面，充分借助思政课的优势，将“仁爱”思想融入其中。思想政治理论课是高校普遍开展的一门公共必修课程，其授课主体的广泛性为“仁爱”思想的普遍传播提供了得天独厚的条件。高校要把“仁爱”思想的德育成分挖掘出来，将其与思想政治理论课中的德育部分相结合，结合本地的风俗习惯、历史渊源与学校的校风学风等实际情况，增设德育校本课程。第一，在课程的呈现方面，可以辅以新媒体手段，使学生更直观、更立体地感知教学内容，加深学生的课堂体验。另外，可以将课程规划为理论教学和实践教学两种形式，将“仁爱”理论知识学以致用，培养学生的“仁爱”品质。第二，在课程的考核方面，考核教师的教授情况与学生的接受情况。考核方式不能过于单一，应该采取多种形式。

另一方面，倡导有关“仁爱”思想的科研项目研究，提升教师深入学习的主动性。学校可以提升相关课题的比重，并辅以合理的保障性投入，为教师营造良好的研究环境。高校要根据本校实际，设立“仁爱”行为准则，表彰“仁爱”教师典型，形成教师群体向往与认可的行为准则，将“仁爱”素养内化于心、外化于行，从而培养出品德高尚的学生。

第三节　中华传统礼仪文化融入高校德育工作的价值及路径

文化兴国运兴，文化强民族强。文化是社会稳定发展的不竭动力，是国家长治久安的重要支撑。大学生作为民族的未来、国家的希望，在其成长过程中必然要接受文化的熏陶和浸染。礼仪文化作为文化体系的重要一维，在大学生德育过程中承载着重要的教化和指导作用，其丰富的精神内涵、深厚的价值意蕴是大学生德育的宝贵文化资源。因而，在实际的教育教学过程中加入礼仪文化的内容，不仅能进一步传承和弘扬中华传统，而且能提高德育的实效性，提升大学生群体的整体道德素质。

一、内涵向度：礼仪文化的精神内涵

礼仪文化是由人们日常生活中的风俗仪式、行为习惯积累而成的规约条文，它是个体道德的展现，是社会文明的标志，其丰富的精神内涵对个体律己敬人的内在意识的培养和文明礼貌的外在行为的纠正起到一定的指导作用。

（一）礼仪文化的传统内涵

礼仪文化是中华优秀传统文化的核心内容，其蕴含的“为仁由己”的为人观、“义以为上”的交友观、“和为贵”的处世观为个体在社会中的独立、成长和发展提供了重要的文化遵循和准则指导。

1.“为仁由己”的为人观

“仁”指的是人与人之间互亲互爱、和睦相处的一种关系，以及个人为此而进行的努力。“仁”的思想在儒家思想体系中处于核心地位，它是个体作为人而必备的道德品质。个体从家庭走向社会，其自然属性逐渐被社会属性所代替，不可避免地需要与各行各业的人打交道，在与人相处中若不践行礼仪文化所要求的道德品质，个体的成长、发展必然会受到侵害。以“仁”作为社会个体交往的基本原则，不仅有利于构建群体间温馨和睦的人际关系，更能发挥群体的合力，实现个体价值的最大化。

2.“义以为上”的交友观

“义”指的是天下合宜之理、天下公正的道义。与朋友交往遵循“义”的原则，所作所为符合人伦道义。中国古代社会推崇君子的理想人格，即交友中以“义”为大、以“义”为重，把“义”作为衡量个体道德品质的标准，在社会生活中践行“义”成为君子的行事作风，是个体崇尚美好道德的目标追求。个体的成功非一己之力可以达成，需要身边好友的支持，如若因小利而对朋友不义，甚至出卖朋友、损害朋友的利益，这不仅是不义之举，更是遭人唾弃和不齿的行为，对未来的发展有害而无利。

3.“和为贵”的处世观

“和为贵”是礼仪文化的根本思想，是跳动在历史长河中的优秀传统，是流动在华夏民族血脉里的文化基因。“和”的思想要求并指导社会成员按照礼仪的规定和准则来处理人与社会、人与自然的关系，从而建立起稳定和睦、融洽和谐的关系网络。“和为贵”是贯穿个体为人处世始终的思想理念，在公共领域中发挥“和”的思想，不仅能有效保持生活、学习、工作等领域的稳定和谐状态，更能妥善处理人际交往中的矛盾和冲突，有利于构建良好的公共秩序，促成社会成员之间形成强大的凝聚力。

（二）礼仪文化的现实内涵

“礼仪”是一个古老又现代的名词。古老是因为它源于几千年前的礼文化，现代是因为它基于时代变迁仍富有生命力，礼仪文化历经千年仍持续不断、历久弥新，逐步形成一套较为完善和全面的文化体系。礼仪依靠其内在的精神主旨，随时代发展融入新鲜的思想，丰富本真内涵的同时又贴合时代发展的需要。

古代中国，礼作为社会生活的总规范，影响、扩展至制度、器物、行为、观念、心态等各个层面。而在当今新时代的背景下，礼仪文化保留其历史性意义的同时更具有时代性内涵。其一，礼仪文化更加注重个体的知行合一，即内在礼仪素质与外在礼仪行为的结合，通过外在的行为体现内在的道德。其二，礼仪文化去繁就简、去粗取精，其运用的形式更加符合人际交往和社会发展的需要，更加贴合快节奏、高效率的现代生活。其三，礼仪文化肯定人的合理的欲望需求，在控制合理物质需求的同时更加注重人的精神建设，即通过礼仪文化提升现代人的礼仪品质。

二、价值维度：礼仪文化在大学生德育中的价值意蕴

礼仪文化涉及的方面众多，涵盖的内容广泛，是大学生在社会交往中必然要接受的通识文化，是构建良好社会关系、展现个体道德素质、践行有礼行为的文化指导。教育是人类传承文明和知识、培养年轻一代、创造美好生活的根本途径。大学生德育则主要通过礼仪文化的潜在力量进一步规范主体行为、完善道德品质，不仅凸显了中华优秀传统文化的魅力，更彰显了新时代礼仪文化的价值。

（一）提供丰富的文化资源

德育的重点是培育讲礼貌、有道德的新时代大学生，通过礼仪文化的浸染和渗透，纠正大学生存在的错误观念、不当的言行，展现自身的礼仪修养。文化在人类生活中所起的作用具有无意识特征。因此，礼仪文化在大学生德育过程中也具有润物无声的特点，在对大学生进行教育的过程中，礼仪文化提供了丰富的教学内容，所涉及的“礼”之起源、“礼”之发展以及“礼”之内涵等内容，都为大学生德育提供了宝贵的文化资源。礼仪文化中“不学礼，无以立”的社会生存规则是大学生德育的基本要求，“人而无礼，焉以为德”的礼德关系模式是大学生德育的目标追求。其一，礼仪是大学生融入社会的必备素质之一。礼仪是人类为维持社会的正常运转而要求人们共同遵守的最基本道德规范。人在成长的过程中，其社会性逐渐掩盖了自然性，大学生作为具有较高知识能力素养的一代，必须掌握基本的社交礼仪，在为人处事中展现礼仪，尊重长者、爱护幼童，在公共场所遵守公民的文明规范，在工作领域遵守员工的制度要求，这样才能更好地融入社会，更好地发挥自身的才智，以自我良好的礼仪素养为社会发展做贡献、为社会文明添动力。其二，礼仪是培养大学生道德品质、建立良好礼德关系的基础。大学生德育侧重对大学生进行品德、道德教育，通过文化熏陶、活动参与、社会

实践进一步深化礼仪文化的价值和内涵，使其倡导的基本要求能进入大学生的头脑、充盈大学生的内心、外化大学生的行为。道德品质、个体德行是隐性的存在，或者说是不易被察觉、被感知的内在精神，只有通过外在的行为才能展现内在的礼仪素质，良好的礼仪行为是美好的道德品质的外显，两者相辅相成、互为表里。

（二）树立正确的价值导向

礼仪文化作为中华传统文化的重要一维，不仅促使个体完善自身行为、展现礼仪姿态，以礼让的姿态待人，更为大学生成长、学习和生活树立正确的价值导向。“礼”作为道德的最初范式，其“尊重、遵守、适度、自律”的道德内涵给当代大学生精神建设提供了价值标准。礼仪文化是大学生成长过程中不可或缺的精神食粮，其倡导的“礼者，敬而已矣”的敬让理念、“以仁存心，以礼存心”的仁爱理念是高校开展大学生德育工作的出发点和落脚点，旨在以“立德树人”为目标培养德才兼备、德礼兼修的大学生，重点是提升大学生的道德情操、完善大学生的道德行为。其一，敬让理念是大学生与人相处所展现的尊重态度。大学生是国家和社会重点培养的对象，也是最容易受不良思想影响而走偏方向的年轻人群。对大学生进行道德教育需从最基本的与人相处开始。礼仪文化所强调的敬让理念首先要消除内心的浮躁与不屑，使其心存敬让，对所接触的人怀有尊重、谦虚的态度，而不是盲目自大、狂妄骄傲。其二，仁爱理念是大学生与人交往时表达的朴素情感。一个人不是天生善良或邪恶，而是后天的环境或教育造成的。大学是人生的关键阶段，是学业有所收获和即将成为社会一员的交汇期，所以要立足新时代的背景，以礼仪文化倡导的仁爱理念教育大学生，使其在未来生活、工作中以仁爱的态度对待他人。仁爱要跳脱出小家中的小爱而上升到社会大家庭的宽宏博大的爱。

（三）构建有效的教育方式

大学生德育是大学生思想政治教育的重要内容，是大学生优良道德品质形成的教育手段，通过在教育过程中融入礼仪文化的内容和内涵，不仅能更新传统教学素材、丰富教学内容，更能提高大学生德育的实效性，增强自我体验。教育主体和客体在道德教育的过程中相互交流、互相学习，以此达到塑造教育客体道德品质的效果。大学生要提高道德学习的主动性和积极性，因为道德学习作为一种区别于知识学习与技能学习的特殊类型的学习，是一种以社会规范为载体的价值学习。传统的教育方式是“以教师为主体、以学生为客体”实施文化的传播，礼仪文化为大学生德育提供了新的、更为有效的教育方式，即教师、学生互为主体。这种教育方式打破了传统教育模式的固定化和刻板化，活跃了课堂氛围，加速了文化知识的传播速度和理解程度。礼仪文化主要倡导知行合一和情境体验式的教育方式。对大学生进行道德教育，首先，要加深知行合一的教育理念，把礼仪文化中所涉及的行为范式落实到行动上，而不止于字面上的简单理解，正如孔子在教育其弟子时强调，要身体力行、言行一致、知行统一，在实际生活中要保持礼仪的姿态，以内在正确的文化观念约束外在不当的行为。其次，在大学生德育过程中开展情境体验式的教育活动，能直观反映大学生存在的不合礼仪的行为，为后期教育内容和方向提供参考，促使大学生在体验过程中自觉地进行纠正，按照礼仪的标准规范自身言行，培育优良的道德品格。

三、路径选择：礼仪文化融入大学生德育的可行路径

大学生德育是一项长期复杂的工程，是促使大学生形成正确的世界观、人生观和价值观的重要方式。高校德育工作应深入挖掘礼仪文化的内涵、价值，实现礼仪文化对个体的道德内化，为社会培养讲礼仪、有道德的新时代大学生。

（一）加强校园文化建设

高校是开展道德教育的主阵地，是培养讲礼仪、有道德的大学生的重要场所，更是向社会输送人才的教育基地。校园文化是校园内师生等

群体一定时期内形成的思想、理念、行为、风俗、习惯及由这个群体整体意识所辐射出来的一切活动，校园文化建设对大学生德育尤为重要。文化较之法律法规，其强制性和约束性较弱，主要是依靠文化的软控制作用，在潜移默化中实现文化对教育对象的浸染和熏陶，达到净化校园环境、营造明礼氛围、塑造良好品行的目的。高校加强校园文化建设主要从以下三个方面进行。首先，高校要重视礼仪文化的教育意义，将礼仪文化的内容融入平时开展的活动中，如开展礼仪文化系列讲座、组织大型典礼活动、举行礼仪风采大赛等，让大学生在日常生活中感受礼仪文化的实际价值，进一步深化对礼仪的认知。其次，高校根据大学生所学专业的特点，有针对性地开展与本专业相关的活动，如汉语言专业可以研究礼仪的起源、礼仪汉字的造字法，外语学院可以将中华传统礼仪文化与世界各国的礼仪文化做对比研究，艺术学院可以从美学的角度探索礼仪文化之美等，这些都是对礼仪文化的创新性传承和发展，让大学生立足本专业，弘扬传统文化，塑造美好品德。最后，高校可根据学生社团的特点和发展方向，在招募新成员时注重对个人礼仪的考核，定期开展礼仪文化的知识竞赛，提高大学生对自身礼仪的认识，着力营造知礼明礼、尊礼行礼的良好风尚，把社团建设与校园文化建设统一起来，以社团建设促进校园文化建设，构建积极向上、明礼崇德的文化氛围。

（二）融合新兴网络媒体

新媒体是一种全新的传播方式和传播形态，正在快速地改变人们的生活方式。新媒体作为信息传播的重要媒介，具有一定的公共性和开放性，其传播的信息并非都是高质量的，其中的不良信息容易对大学生产生较坏的影响。因此，大学生德育要融合新媒体，有针对性地加强大学生在礼仪文化方面的宣传教育，更新德育方式，提高大学生德育的实效性。一方面，高校要以“立德树人”为目标，不仅关注大学生对知识技能的学习和掌握，更要注重培养良好的品德。例如，在高校的官网上，开设宣传中华传统礼仪文化的专栏，对学校德才兼备、礼德兼具的人物进行报道，定期开展相关的礼仪培训和以弘扬礼仪文化为主题的系列活动，解读礼仪文化的时代性内涵，达到弘扬文化、提升教育效果的目的。另一方面，结合微信、微博等平台，创建相应的公众号和服务号，推送与礼仪文化相关的信息，也可发布相关原创视频、漫画等，以新颖有趣的方式介绍礼仪文化，增强传播内容的趣味性和吸引力，并评选出阅读量、转发量较高的优质文章进行专题解读，剖析礼仪的深层内涵，将网络场域与现实场域结合起来，使礼仪文化得到广泛传播，让大学生受到教育和启发，提高自身的道德修养、礼仪素质。

（三）实行课堂教学改革

礼仪文化融入大学生德育，需从多个途径入手，除了构建良好的校园文化、结合迅速发展的网络媒体外，更要从最基本的课堂教学出发，提高大学生对礼仪文化的认同感，并通过实践进一步深化礼仪文化的内涵。一种价值观要真正发挥作用，必须融入社会生活，让人们在实践中感知它、领悟它。实行课堂教学改革，首先，要提高教师的礼仪素养，建立礼德兼备的教师队伍。很多教师在授课的过程中，注重知识的传播和理论的学习，而忽略了自身礼仪行为对大学生产生的影响。因此，教师在注重提高科研能力、教学能力的同时，应该努力提升自身的礼仪修养。其次，在实际教学过程中可添加传统礼仪文化的元素，融入更多具有中国特色的内容，结合礼仪的经典著作讲解有关知识点。课程的设计除了传统的教师讲、学生听之外，可以把主题分配给学生，以小组的形式展示与礼仪相关的内容，实现师生角色互换，让学生在讲解、演练过程中完善自己的言行。最后，不同的院系可根据发展状况、学科性质、专业特点等实施形式多样的教学，开展线上与线下相结合的教学形式，而不拘泥于在教室上课，把上课的场所切换到生活中，让礼仪更具实践性和可操作性。

参考文献

[1]楼宇烈.中国传统文化精神[M]//温海明,赵薇.中华优秀传统文化大家谈.济南:济南出版社,2022.

[2]冯雪燕,王永红.中华优秀传统文化概论[M].北京:新华出版社,2022.

[3]王余光,霍瑞娟.传统文化与阅读推广[M].北京:朝华出版社,2022.

[4]余成功.汉字里的传统文化[M].北京:群言出版社,2022.

[5]皮晓燕.中国传统文化与当代教育研究[M].延吉:延边大学出版社,2022.

[6]陈广恩.历史文献与传统文化:第26辑[M].北京:商务印书馆,2022.

[7]陈建伟.高校德育的传承与创新研究[M].北京:北京工业大学出版社,2022.

[8]苏少丹.高校德育实践研究[M].北京:中国纺织出版社,2022.

[9]邢良.高校德育引导与学生管理创新研究[M].北京:北京工业大学出版社,2022.

[10]伍韬.传统文化视角下的高校德育创新路径探究[M].北京:北京工业大学出版社,2022.

[11]文斌.新时代高校文化育人价值意蕴与体系建构研究[M].北京:中国纺织出版社,2022.

[12]刘怀荣.中国传统文化研究:第3辑[M].青岛:中国海洋大学出版社,2021.

[13]从云飞.中华优秀传统文化[M].北京:华文出版社,2021.

[14]杜昀芳,刘永记.中华优秀传统文化[M].北京:新华出版社,2021.

[15]周慧.中国传统文化的德福之辩[M].长沙:湖南师范大学出版社,2021.
[16]刘怀荣.中国传统文化研究第4辑[M].青岛:中国海洋大学出版社,2021.
[17]鲍荣娟,常雪,吴迪.高校德育工作创新实践研究[M].长春:吉林出版集团股份有限公司,2021.
[18]宋述贤,巩绪福.高校法学教育与德育管理[M].长春:吉林人民出版社,2021.
[19]周翠.高校美育德育的当代发展研究[M].北京:中国纺织出版社,2021.
[20]唐博.大学生德育教育创新研究[M].长春:吉林文史出版社,2021.
[21]张婕.大学生德育教育的发展与创新研究[M].长春:吉林出版集团股份有限公司,2021.
[22]高健磊.新时期高校管理与发展路径探索[M].北京:中国政法大学出版社,2021.
[23]邹娟.多元文化视角下大学生德育的创新发展[M].长春:吉林大学出版社,2021.
[24]吴春笃,陈红.新时代高校服务育人理论与实践[M].镇江:江苏大学出版社,2021.
[25]赵宇华,于志勇.立德树人视域下高校德育工作与思想教育创新[M].延吉:延边大学出版社,2020.
[26]彭宗祥.新时代高校工程德育理论与实践:学校德育的新范式[M].上海:上海财经大学出版社,2020.
[27]宋阔.微时代背景下高校思想政治模式研究[M].长春:吉林出版集团有限责任公司,2020.
[28]秦艳姣.全媒体环境下高校思政教育新探索[M].北京:北京工业大学出版社,2020.

[29]闫伟.应用型高校德育教育教学模式新探[M].北京:人民出版社,2019.
[30]刘忠孝,陈桂芝,刘金莹.高校德育论[M].哈尔滨:黑龙江人民出版社,2019.
[31]朱美燕.立德树人:高校生活德育实践[M].上海:上海交通大学出版社,2019.
[32]吴巧慧.应用型大学德育的创新与实践:2018[M].北京:北京交通大学出版社,2019.
[33]吕开东.新时代高校思想政治教育工作探索[M].北京:光明日报出版社,2019.
[34]陆世宏.语言文化特色育人中的高校党建与德育工作[M].北京:人民日报出版社,2019.
[35]戴淑贞,杨麦姣.高校中华优秀传统文化教育的设计与规划[M].北京:知识产权出版社,2019.